Städtischer Grundkredit
und
Tilgungshypothek.

(Bericht für die Immobiliarkredit-Kommission nebst einer Abhandlung über die Tilgungshypothek.)

Von

Dr. Friedrich Schwartz,
Direktor der Preußischen Central-Bodenkredit-Aktiengesellschaft,
Regierungsrat a. D.

BERLIN 1915.
J. Guttentag, Verlagsbuchhandlung,
G. m. b. H.

Vorbemerkung.

In der auf Anregung des Reichstages vom Herrn Reichskanzler eingesetzten Immobiliarkreditkommission ist beschlossen worden, den Verhandlungen der Kommission den nachstehenden Fragebogen zugrunde zu legen.

Zur Vorbereitung der Verhandlung sollten über den Fragebogen zunächst Referate eingefordert werden, welche die bestehenden einschlägigen Zustände schildern, die Mißstände hervorheben und die Ursachen angeben sollten, auf welchen jene Mißstände beruhten; konkrete Reformvorschläge, also die Beantwortung der Fragen A II und B II sollten jedoch vermieden werden. Es wurde den Berichterstattern überlassen, ihren Bericht auf einen Teil des Fragebogens zu beschränken. Zu Berichterstattern wurden Vertreter der verschiedenen Richtungen der Sachverständigen bestellt. Für die dem Kreise der Hypothekenbanken angehörigen Sachverständigen ist das Referat mir übertragen worden. Ich habe mich im wesentlichen auf den Bericht über den städtischen Immobiliarkredit beschränkt.

In der Sitzung der Immobiliarkredit-Kommission vom 28. April 1914 hatte Einstimmigkeit darüber bestanden, daß die Verhandlungen der Kommission vertraulich geführt und auch die Drucksachen bis auf weiteres vertraulich behandelt werden sollten. Nachdem aber zwei Berichterstatter die von ihnen erstatteten Referate der Oeffentlichkeit übergeben haben, hat der Herr Staatssekretär des Innern auch den anderen Herren Referenten anheimgestellt, das von ihnen ausgearbeitete Referat zu veröffentlichen, was meinerseits hiermit geschieht.

Gleichzeitig schließe ich einen Aufsatz an, in welchem die Bedeutung der Tilgungshypothek für die städtischen Grundstücke und die Sicherheit der städtischen Hausbesitzer ausführlich dargelegt wird*).

Berlin, den 7. August 1915.

Schwartz.

---

*) Dieser Aufsatz wurde auch im „Bank-Archiv", XIV. Jahrg., Nr. 23, S. 393—399, zum Abdruck gebracht.

INHALTSVERZEICHNIS.

Fragebogen für Erhebungen über den städtischen Immobiliarkredit.

A. Vorfragen.

I. 1. Welche Umstände verteuern:
   a) das städtische Bauland,
   b) das Bauen auf dem städtischen Bauland?
2. Welche Wirkung haben diese Umstände auf die Mietpreise?
3. Welche Wirkung hat die Form der Bodenaufteilung und der Baustelleneinteilung auf die Zufuhr und auf den dauernden Bedarf an Realkredit beim Parzellierungssystem?
   a) des Vielwohnungshauses?
   b) des Kleinhauses?

II. In welcher Weise können die zu I etwa festgestellten Mißstände beseitigt werden?

B. Der städtische Immobiliarkredit.

I. Welche Mißstände bestehen bei der Beschaffung des städtischen Immobiliarkredits und auf welche Ursachen sind diese Mißstände zurückzuführen?

1. Wie wird der Bau finanziert? Wie erfolgt die Finanzierung beim Besitzwechsel an dem bebauten Grund-

stück? Insbesondere, welches sind die Kreditquellen für die Baugelder, für das Baukapital, für den Kaufpreis? (Erste, zweite Hypothek.) Welches sind die Darlehnsbedingungen? (Zinsfuß, Tilgungszwang, Unkündbarkeit.)

2. Welche Umstände fördern etwa eine tatsächliche Ueberschreitung der Beleihungsgrenzen, wie sie für die Hypothekenbanken, die Landesversicherungsanstalten, die Sparkassen und die unter Aufsicht stehenden Versicherungsunternehmungen gesetzt sind?
3. Inwieweit hat Art und Höhe der Beleihung Bedeutung für die Bewertung und Verkäuflichkeit des Grundstücks?
4. Welchen Einfluß hat die Verschuldung auf den Mietpreis?
5. Welche Schwierigkeiten bestehen in der Beschaffung des Kredits?

Berücksichtigen die privaten und öffentlichen realkreditgebenden Anstalten (insbesondere die Hypothekenbanken, die Landesversicherungsanstalten, die Reichsversicherungsanstalt für Privatangestellte, die Sparkassen und die unter Aufsicht stehenden privaten Versicherungsunternehmungen) innerhalb der Grenzen ihrer Geldmittel in angemessener Weise die Bedürfnisse des Wohnungsbaues? Werden von ihnen etwa besondere Bau- und Wohnungsformen und besondere Ortsgrößen begünstigt? Werden insbesondere Kleinwohnungsbauten (Massenmiethäuser, kleinere Häuser) in ausreichendem Maße beliehen?

Inwieweit steht das Privatkapital für Wohnungsbauten, insbesondere für zweite Hypotheken auf Kleinwohnungsbauten, zur Verfügung?

6. Worauf beruhen die Schwankungen in dem Angebote von Kapital für den städtischen Grundkredit und wie äußern sie sich in ihrer Wirkung auf die Bautätigkeit, den Wohnungsmarkt und die Mietpreise?
7. Bis zu welcher Höhe sind die Miethäuser in der Regel belastet? Wie hoch wird die Verschuldung des städtischen Grund und Bodens überhaupt anzunehmen sein und welchen Anteil haben hierbei schätzungsweise die zweiten Hypotheken?
8. Ist etwa in den bestehenden Grundsätzen des Hypotheken- und Grundbuchrechts eine Ursache für die hohe Verschuldung des Grund und Bodens zu erblicken? Ist etwa in der Gleichstellung des Besitz- und des Betriebskredits ein Mangel zu erblicken?
9. Genügen die bestehenden Rechtsformen der Kreditorganisationen dem Bedürfnisse?

II. Welche Maßnahmen sind geeignet, den zu I festgestellten Mißständen abzuhelfen, die Beschaffung des nötigen Realkredits, insbesondere für den Kleinwohnungsbau, zu erleichtern und einer ungesunden Verschuldung entgegenzuwirken?

Bericht zu dem Fragebogen für Erhebungen über den städtischen Immobiliarkredit.

A. Vorfragen.

I. 1. Welche Umstände verteuern:

a) das städtische Bauland?

b) das Bauen auf dem städtischen Bauland?

Auf die Bodenfrage an sich näher einzugehen, soll hier unterlassen werden. Es mag in diesem, mehr auf den städtischen Immobiliarkredit (B.) eingehenden Referate genügen, nur einige das städtische Bauland betreffende praktische Fragen zu erörtern.

Der ungeahnte Aufschwung, den die deutschen Großstädte nach 1870 zu nehmen begannen, machte die Bereitstellung ausreichenden Baulandes notwendig, auf dem sich die Städte ausdehnen konnten. Der parzellierte Besitz einerseits, die Notwendigkeit, Bebauungspläne mit größerer Ausdehnung vorzusehen, anderseits, machte es dem einzelnen Grundbesitzer unmöglich, selbst auf seinem Grund und Boden baureifes Land zur Verfügung zu stellen, sondern erforderte das Eingreifen großkapitalistischer Unternehmer (Terraingesellschaften). Diese übernahmen die Herrichtung geeigneten Baulandes an der Peripherie der Städte. Es mag die ursprünglich glänzende Prosperität vieler derartiger Unternehmungen den Blick für die Nützlichkeit und Notwendigkeit des Umfanges und der Ausdehnung solcher Terrainvorbereitung getrübt haben, so daß heute tatsächlich für die meisten Großstädte Grund und Boden auf eine Reihe von Jahrzehnten bereitgestellt ist. Selbst wenn das Tempo der Bevölkerungszunahme und damit das der Ausdehnung das gleiche bleiben wird, was kaum anzunehmen ist, wird in Groß-Berlin, Breslau, Köln, München, Frankfurt a. M. und selbst in mittleren und kleineren Städten Bauland für 20 bis 30, vielleicht auch für 50 Jahre vorgekauft sein. Da bei dieser Baulandbeschaffung Preise bezahlt zu werden pflegen, welche der landwirtschaftlichen Rente nicht entsprechen, da ferner die Anlage von erheblichen Geldmitteln in Straßen, Kanalisationsanlagen und Wasserversorgungen Zinsen erfordert, ohne gleichzeitig belangreiche Erträge zu bringen, da ferner fortlaufende steuerliche Aufwendungen mit einer derartigen Vorbereitung von Bauland entstehen, muß der jeweilig zur Bebauung reif werdende Grund und Boden an sich zu einer sehr erheblichen Selbstkostenhöhe ansteigen. An dieser Entwicklung ist natürlich auch nicht der Umstand schuld, daß hier das Privatkapital eine anfangs lohnende Betätigung gefunden hat, denn in Frankfurt a. M., wo die Kommune selbst die Herrichtung von Bauland in die Hand genommen hat, ist der Baugrund schließlich nicht billiger, wie es bei privatkapitalistischen Unternehmungen möglich wäre. Im Gegenteil, die großen Ankäufe der Stadtverwaltung haben preissteigernd auf die in Frage kommenden Terrains gewirkt. Die Stadt hat da, wo sie zu Enteignungen behufs Straßenherstellungen hat schreiten müssen, die hohen, von ihr selbst angelegten Grundpreise gegen sich gelten lassen müssen, und so in eigener Regie das herbeigeführt, was in anderen Städten den Terrainunternehmungen zum Vorwurf gemacht wird, nämlich die erhebliche Verteuerung des Grundpreises für Bauland.

a) Außerdem sind es im wesentlichen zwei Umstände, welche das städtische Bauland verteuern:

1. Die großen Ansprüche, welche die Kommunen bei der Aufteilung des Terrains zu erheben für nötig halten, nämlich an Straßenland, Platz- und Freiflächen, Straßenbaukosten, Kanalisations-, Wasser- und Gasanlagen. Sind die letzten drei notwendige Anlagen, welche die Benutzbarkeit des Baulandes erhöhen, so wird doch vielfach darüber geklagt, daß die Stadtverwaltungen sich vermöge ihrer Monopolstellung bei Herrichtung dieser Anlagen nicht mit der Erstattung der Selbstkosten begnügen, sondern weit darüber hinaus Anforderungen an den Terrainbesitz stellen. Die Opfer, welche der Terrainbesitzer für Straßenland, Freiflächen und Straßenbaukosten auf sich nehmen muß, und deren Festsetzung den städtischen Verwaltungen vollständig überlassen ist, verteuern das Bauland nicht unerheblich. Der an die Aufteilung von Baublöcken herangehende Terrainunternehmer wird es bei seinen Verhandlungen mit der Stadtverwaltung in den seltensten Fällen auf eine rechtliche Austragung von Meinungsverschiedenheiten ankommen lassen wollen, da durch die in der Zwischenzeit auflaufenden Zinsen und Kosten der Vorteil, den er durch eine obsiegende Entscheidung erreichen könnte, aufgewogen werden würde.
2. Die steuerliche Belastung des Grundbesitzes, namentlich in der Besitzwechselabgabe, hat einen derartigen Umfang angenommen, daß die Verteuerung des Grund und Bodens zum nicht geringen Teil hierauf zurückzuführen ist.

Als seinerzeit auch in den anderen Einzelstaaten die Besitzwechselabgabe, wie sie in Preußen mit 1 pCt. schon durch das Gesetz vom 7. März 1822[1]) eingeführt worden war, zur Erhebung kam, entsprach dieser Stempel zwar auch schon damals nicht gerade den Grundsätzen besonderer Gerechtigkeit, aber er war erträglich. Der Grund und Boden war in seinem Werte noch nicht so gestiegen wie jetzt, er war noch nicht so mit fremdem Kapital belastet wie gegenwärtig. Wer im Besitze eines städtischen Grundstücks war, hatte zwar auch damals schon meist nicht nur eigenes Kapital darin angelegt, sondern eine oder mehrere Hypotheken aufgenommen, aber das Verhältnis vom Eigenkapital zum Fremdkapital war ein erheblich günstigeres wie heute. Die Besitzwechselsteuer traf also doch in dem bei weitem größesten Umfang das im Grundvermögen angelegte Kapital.

Während sich dieses Verhältnis neuerdings ins Gegenteil umgekehrt hat, — kleines Eigenkapital gegen großes Hypothekenkapital — ist anderseits die Besitzwechselabgabe vervielfacht worden. Nicht nur die Stadt erhebt die gleiche Besitzwechselabgabe — für unbebaute Grundstücke meist das Doppelte —, sondern auch der Kreis, sofern es sich um eine Stadt handelt, die noch zu einem besonderen Kreise gehört, und schließlich das Reich haben dieselben Abgaben für sich in Anspruch genommen. Das Reich erst mit $^1/_3$[2]), dann mit $^2/_3$ pCt., zunächst vorübergehend und nun anscheinend dauernd[3]). Es wird jetzt also

---

[1]) Gesetzsamml. S. 57.

[2]) Gesetz wegen Änderung des Reichsstempelgesetzes vom 15. Juli 1909 (RGBl. S. 717).

[3]) Gesetz über Änderungen im Finanzwesen vom 3. Juli 1913 (RGBl. S. 521).

mit einer Besitzwechselabgabe von 3 bis 4 pCt., ja oft 5 pCt. zu rechnen sein. Bedenkt man, daß nun noch die Wertzuwachssteuer hinzutritt, so ergibt sich allerdings eine außergewöhnliche Belastung. In Mannheim hat die Besteuerung des Grundstücksverkehrs im Jahre 1911 bei einem Gesamtumsatze von 24,4 Millionen Mark durch Kauf, Tausch und Zwangsversteigerungen 1 050 419,00 M., also 4,30 pCt., erbracht. (Verwaltungsbericht der Stadt Mannheim — Grundbuchamt — für 1911, S. 13.)

Diese Abgabe wird aber mehrfach erhoben, ehe ein Miethaus in der Hand eines Kapitalisten ist, der den Besitz als dauernde Kapitalanlage betrachtet. Der Terrainunternehmer bereitet durch Verhandlung mit der Kommune das Terrain, die Herstellung der Straßen usw. und Aufteilung in Einzelbaustellen vor, der Bauunternehmer erwirbt die Einzelbaustellen, bebaut sie, will und kann sie aber natürlich nicht behalten, da sein Gewerbe die Herstellung von Häusern ist, und er nicht weiter bauen kann, wenn er nicht verkauft; er muß sie also immer in die Hände eines Kapitalisten überführen, der den Hausbesitz als Kapitalanlage betrachtet. Auf diesem Wege wird die Besitzwechselabgabe also 3 mal fällig, d. h. ehe die Vermietung beginnen kann, sind bis zu 15 pCt. des Wertes der Baustelle und mehr — da ja das Haus selbst bei dem letzten Besitzwechsel hinzugekommen ist — an die Allgemeinheit gezahlt worden. Bei diesem wirtschaftlichen Vorgang ist also die Allgemeinheit (Reich, Staat, Kreis, Kommunen) stiller Teilhaber ohne Risiko. Es fällt dies wirtschaftlich um so mehr ins Gewicht, als diese Abgaben nicht nur von dem wirklich umgesetzten Vermögensguthaben, sondern von dem ganzen Werte des Grundbesitzes erhoben werden, bar zu zahlen sind, und zu dem wirklichen Guthaben des Unternehmers in keinem richtigen Verhältnisse stehen. Es mag gestattet sein, an einem einzelnen praktischen Falle — der durchaus normal liegt — zu zeigen, wie sich diese Entwicklung des Preises einer Baustelle in Wirklichkeit gestaltet.

Ein Terrainhändler kaufte aus erster Hand von 3 Besitzern an der Grenze von Berlin inmitten des bebauten und anschließenden Vorortes 2537 Quadratruten brutto Bauland für 1 538 000 M., also 606 M. pro Quadratrute (= 14,1846 Quadratmeter). Für Straßenland und Freiplatz mußten 899 Quadratruten an die Stadt abgetreten werden, die verbleibenden 1638 Quadratruten kosteten nun schon 938,95 M. An Erwerbsunkosten, Kosten für Straßenregulierung usw., Parzellierung, Zinsen des Restkaufgeldes (ohne das Eigenkapital), Grundsteuern, sind, bis das Land baufähig gemacht worden ist, 371 118,71 M. entstanden, wovon auf Stempel, Steuern, Notariats- und Gerichtskosten 81 345,86 M., auf Zinsen 26 326,71 M., auf Straßenregulierungs- und Parzellierungskosten des gesamten Geländes 263 446,14 Mark und von letzteren allein auf Pflasterungskosten der Gemeinde 252 042,82 M. entfallen; es kosten also 1638 Quadratruten nun schon 1 868 815,54 M., d. h. die Quadratrute 1149 M. Rechnet man hierzu die Verzinsung des Eigenkapitals, Abgeltung für die eigene Tätigkeit des Unternehmers und Wertzuwachssteuer, so stellt sich die Baustelle netto bereits auf mehr als das Doppelte des Einkaufpreises. Hierzu treten bis zur Herstellung des Miethauses noch zweimalige Besitzwechselabgaben, Zinsen, Steuern und

Verkaufsprovisionen, so daß der Grund und Boden vom Uebergange des Produzenten bis zum Kapitalisten, der sich der Mühe, das Vermietgeschäft zu betreiben, unterziehen will, allerdings eine ganz ungewöhnliche Verteuerung erfahren hat. Daß diese Umstände eine Wirkung auf die Mietpreise ausüben und ausüben müssen, bedarf weder eines Beleges noch einer besonderen Prüfung durch einen Sachverständigen.

b) Das Bauen auf städtischem Bauland wird verteuert durch die hohen Löhne und sozialen Lasten, welche der Unternehmer tragen muß. Es wird aber auch vielfach darüber geklagt, daß die baupolizeilichen Vorschriften in bautechnischer, hygienischer und sozialer Hinsicht so weit gehen, wie es die Bedeutung der Bauten nicht immer erfordert. Es werde zu oft der Grundsatz vergessen: Das Beste ist der Feind des Guten. Eine weitere Ausführung hierüber muß technischer Beurteilung anheimgegeben werden.

Es darf aber auch hier nicht unterlassen werden, darauf hinzuweisen, daß für den Hausbesitzer die d a u e r n d e steuerliche Belastung von recht nachteiligen Wirkungen ist. Denn abgesehen von der Besitzwechselabgabe ist in den letzten 20 Jahren der Hausbesitzer auch in anderer Richtung einer langsamen, aber fortgesetzt anhaltenden Besteuerung unterworfen worden. Die Grundwertsteuer, in den meisten Städten eingeführt, belastet das Objekt ohne Rücksicht auf das Eigenkapital des Eigentümers und ohne Rücksicht darauf, ob Wohnungen leer stehen oder nicht. Die Kanalisationsgebühren sind eigentlich überall dauernd gestiegen, ja selbst die Verstempelung der Mietverträge hat eine nennenswerte Belastung des Hausbesitzes herbeigeführt. Bei der aus Anlaß einer Hypothekenverlängerung stattgehabten Verhandlung wurde festgestellt, daß bei einem Hause in Berlin-Treptow in den seit Abschluß der Hypothek verflossenen 10 Jahren die Grundsteuer von 0,9 auf 2,25 pro Mille, also in diesem Falle von 153 M. auf 382,50 M. gestiegen war, ohne daß es möglich gewesen war, die Mieten zu erhöhen. In einem anderen Falle in Berlin-Lichtenberg war die Grundsteuer von 462 M. auf 535 M. gestiegen, in einem gleichen Falle in Berlin ergab sich, daß die Kanalisationsgebühren von 280 M. auf 386 M. gestiegen waren. Bei einem großen Geschäftshaus inmitten Berlins ist durch die gesetzliche Erhöhung des Mietstempels[4]) — bei gleichgebliebenen Mieterträgen — die Stempellast von 110 M. auf 638 M. gestiegen.

Derartige Beispiele zeigen, wie von allen Seiten die Lasten auf den Hausbesitzer andrängen. Da der Eigentümer des Hauses bei seinem Erwerbe die Rente kapitalisiert hat, sind derartige Lasten nicht Steuern vom Einkommen, sondern Kapitalschmälerungen. Kann es dem Hausbesitzer verargt werden, wenn er strebt, solche Lasten, soweit möglich, auf den Mieter abzuwälzen, kann es dem Kapitalistenpublikum verdacht werden, wenn es sich langsam einer Kapitalanlage abwendet, bei der es dauernd nicht seine Rente, sondern sein Kapital schwinden sieht? Letzten Endes ist diese Entwicklung auch auf die Verteuerung des Realkredits nicht ohne Einfluß, da der Privatkapitalist sich selbst von der Beleihung eines Besitzes ängstlich zurückzieht[5]), dessen Renten und Kapitalmasse er Schritt für Schritt schwinden sieht.

[4]) Preußisches Stempelsteuergesetz in der Fassung der Bekanntmachung vom 30. 6. 1909 (GS. S. 535).

[5]) So berichtet der Stadtrat von Mannheim eine merkbare Abkehr des Privatpublikums von jeder Hypothekaranlage. Siehe Verwaltungsbericht des Stadtrats der Hauptstadt Mannheim für 1911, Grundbuchamt. S. 8.

B. Der städtische Immobiliarkredit.

I. Welche Mißstände bestehen bei der Beschaffung des städtischen Immobiliarkredits und auf welche Ursachen sind diese Mißstände zurückzuführen?

Dem städtischen Immobiliarkredit dienen in erster Linie die eigentlichen, für die Zwecke des Grundkredits geschaffenen Bodenkreditinstitute, deren angelegte Kapitalien ganz oder teilweise durch Ausgabe von Pfandbriefen und Obligationen wieder flüssig gemacht werden, und in zweiter Linie diejenigen Kapital-Organisationen, bei welchen entweder, wie besonders bei Versicherungsgesellschaften und Sparkassen, eine Kapitalansammlung stattfindet, die in Hypotheken Anlage sucht, weil hierbei eine ausreichende Verzinsung mit der Sicherheit, Kapitalverluste infolge Kursschwankungen zu vermeiden, leicht erreichbar ist, oder bei denen sich, wie bei Bau- und Terraingesellschaften, die Gewährung von Hypothekarkredit als eine gewisse Notwendigkeit ihres Geschäftsbetriebes ergibt.

Die eigentlichen Bodenkreditinstitute
sind entweder
gemeinwirtschaftliche oder
privatwirtschaftliche.

Gemeinwirtschaftliche Anstalten dieser Art, soweit sie für den städtischen Bodenkredit in Betracht kommen, sind:

A. Genossenschaftliche Bodenkreditinstitute (Berliner Pfandbriefamt, Deutsche Pfandbriefanstalt Posen, Brandenburgisches Pfandbriefamt für Hausgrundstücke, Hypothekenbankverein in Schöneberg usw.).

B. Staatliche und provinzielle Bodenkreditinstitute (Hessische Landes-Hypothekenbank, Landesbanken, Landeskreditkassen, Provinzialhilfskassen).

C. Bodenkreditinstitute in städtischer Regie, und zwar städtische Hypothekenbanken und Hypothekenfonds sowie städtische Grundrentenanstalten.

Zu den privatwirtschaftlichen Bodenkreditinstituten sind jetzt, nachdem privaten Genossenschaftsbetrieben die Hypotheken- und Pfandbriefgeschäfte durch das Hypothekenbankgesetz nicht mehr gestattet sind, im ganzen nur noch die Hypothekenaktienbanken zu rechnen, Ende 1913 37 Institute mit einem Aktienkapital von 877 999 000 M.

Die Kapitalorganisationen, welche sich der Hypothekengeschäfte nur zur Anlage ihrer Geldmittel, oder wie die Bau- und Terraingesellschaften, im Betriebe ihres Geschäfts bedienen, sind im wesentlichen folgende:

1. die deutschen Landesversicherungsanstalten (Alters- und Invaliditätsversicherung),
2. die Reichsversicherungsanstalt für Angestellte,
3. die übrigen öffentlich-rechtlichen Lebensversicherungsinstitute,
4. die privaten Versicherungsgesellschaften,
5. die deutschen Sparkassen,
6. private Bankinstitute aller Art,
7. Bau- und Terraingesellschaften,
8. Stiftungen sowie staatliche, kommunale und kirchliche Fonds.

Endlich kommen für den Hypothekenkredit Privatkapitalisten, wenn auch in immer beschränkterem Umfange in Betracht.

Eine nach einheitlichen Grundsätzen aufgestellte Statistik darüber, in welchem Maße die Mittel dieser Geldquellen dem städtischen Hypothekenkredit zufließen, fehlt, da viele, selbst öffentlich-rechtliche Institute, in ihren Verwaltungsberichten eine Trennung ihrer Hypothekenbestände in städtische und ländliche Hypotheken nicht vornehmen.

Mit ziemlicher Sicherheit läßt sich aber feststellen, daß in den letzten 9 Jahren alljährlich etwa 1000 bis 1200 Millionen Mark für den städtischen Hypothekenkredit zur Verfügung gestellt worden sind. Der Bestand an städtischen Hypotheken vermehrte sich nämlich bei den

im Jahre	deutschen Hypotheken-aktienbanken	privaten deutschen Versicherungsgesellschaften[6])	preußischen Sparkassen	Zusammen also
	in Millionen Mark um:			
1903	440,1	239,6	238,7	918,4
1904	453,3	235,6	267,2	956,1
1905	540,0	218,8	268,5	1 027,3
1906	378,1	234,6	269,2	881,9
1907	283,7	196,1	225,8	705,6
1908	388,8	187,1	201,7	777,6
1909	533,1	220,7	309,8	1 063,6
1910	485,9	274,3	363,1	1 123,3
1911	490,4	280,0	386,4	1 256,8
im Durchschnitt der 9 Jahre	443,7	231,9	281 2	956,7

[6]) Nach den Veröffentlichungen des Kaiserlichen Aufsichtsamts für Privatversicherung. Die Versicherungsgesellschaften ermöglichen zwar für den ganzen Zeitraum eine Feststellung der städtischen Hypotheken gleichfalls nicht, da ihr gesamter Hypothekenbestand nach den für einige Jahre gemachten Angaben aber im Durchschnitt zu 99 pCt. aus städtischen Hypotheken besteht, so ist dieses Verhältnis obiger Aufstellung zugrunde gelegt worden.

Schon durch diese Institute wurde somit im Durchschnitt der letzten neun Jahre alljährlich ein Betrag von rund 957 Millionen Mark dem städtischen Hypothekenkredit zugeführt. Die an diesem Kredit gleichfalls stark beteiligten Landesbanken, Landesversicherungsanstalten, außerpreußischen Sparkassen und die übrigen oben aufgeführten Organisationen geben leider nur zu einem kleinen Teil an, wieviel von ihren gesamten Hypothekenbeständen auf die städtischen Hypotheken entfällt, und sind deshalb in vorstehender Aufstellung nicht berücksichtigt worden. Würde man ihren Jahreszuwachs an städtischen Hypotheken den 957 Millionen Mark hinzurechnen, so würde man vielleicht eine Summe erreichen, welche die oben geschätzten 1200 Millionen Mark noch übersteigt.

Diese Summen sind allerdings nicht ausschließlich für Neubauten verwendet worden, da hierin auch diejenigen Beträge enthalten sind, welche bei der Umwandlung von Privathypotheken in Institutshypotheken — um diesen Ausdruck der Kürze halber für alle Hypotheken, die aus oben gedachten Geldquellen stammen, zu wählen — Anlage fanden. Die Mittel dieser Institute kommen nur für die erste Hypothek in Betracht.

1. Wie wird der Bau finanziert?

Während früher der städtische Bau selbst in größeren Städten, also demgemäß auch bei größeren Objekten, noch in der Weise finanziert wurde, daß der Bauunternehmer mit eigenen Mitteln unter Zuhilfenahme seines Bankkredits, der vorläufig hypothekarisch gesichert wurde, den Bau herstellte und erst während oder nach Fertigstellung desselben zur Beschaffung einer festen Hypothek überging, ist in dem letzten Jahrzehnt die Finanzierung, wenigstens in größeren Städten, meist in der Weise erfolgt, daß sich der Baugelder

Bauunternehmer an der Hand der Baupläne und Baubeschreibung, oft sogar schon vor dem Erwerbe der Baustelle, die erste Hypothek mit der Zusicherung ratenweiser Zahlung je nach Fortschreiten des Baues beschafft und nicht früher an die Ausführung des Baues geht. Derartige Hypothekenzusagen werden allerdings meist nur von Hypothekenaktienbanken gegeben, während die öffentlich-rechtlichen Institute und die privaten Versicherungsunternehmungen die Hypothek in der Regel erst bewilligen oder doch erst übernehmen, wenn der Bau tatsächlich fertiggestellt ist. Rechnet der Bauherr also mit einer Hypothek von öffentlichen oder Versicherungsinstituten, oder mit einem billigeren Abschlusse nach Fertigstellung des Baues, so muß er sich das Baugeld vorübergehend anderweit beschaffen, wozu er Hypothekenaktienbanken, Kreditbanken, Terraingesellschaften und Privatpersonen bereit findet. Dieser Kredit — Baugeld im

Baugeldbedingungen.

eigentlichen Sinne genannt —, wird hinter dem die Baustelle belastenden Kaufpreis eingetragen, erhält oft aber Vorrecht vor einem Teile des Restkaufgeldes und wird meist auf 1 bis 1½ Jahre gewährt in der sicheren Erwartung, dann durch eine schon zugesagte oder doch in Aussicht stehende erste Hypothek abgelöst zu werden. Jedenfalls hält sich dieses Baugeld in dem Rahmen einer ersten Hypothek. Als Zinsen werden in der Regel vereinbart: Reichsbanklombardzinsfuß, jedoch nicht unter 5 pCt., und eine Quartalsprovision von ¼ bis ½ pCt. des zugesagten Betrags. Gewährt der Baustellenverkäufer das Baugeld, so wird oft nur ein Zinsfuß von 5 pCt. gezahlt, da die weitere Entschädigung des Verkäufers bereits in dem Kaufpreise der Baustelle zum Ausdruck kommt, was der Baustellenverkäufer vorzieht, weil der Preis der Baustelle bei einer nach den Plänen zugesagten Beleihung den abschätzenden Sachverständigen leicht zum Vorteil der Beleihungshöhe beeinflußt. Wenn nach einer Eingabe des

Münchener Haus- und Grundbesitzervereins an die Bayerische Kammer vom 14. März 1910 erheblich höhere Opfer für das Baugeld gebracht werden müssen, wie 10 pCt. Provision und Verzinsung des Kapitals, ohne Rücksicht auf die Auszahlung, so entspricht dies weder den Gewohnheiten anderer süddeutscher Plätze noch denjenigen Norddeutschlands, ist auch für München wohl kaum als Regel anzusehen. Diese Art Baugeld ist stets reichlich zu haben, solange mit Rücksicht auf die Geldmarktverhältnisse auf sicheren Abschluß der ersten Hypothek gerechnet werden kann. Eine Zurückhaltung der Geldgeber tritt aber ein, sobald der Hypothekenmarkt zurückhaltend wird.

Wird mit dem Baugeld die erste Hypothek in der Weise verbunden, daß der Kredit nach Fertigstellung in eine ordentliche erste Hypothek übergeht, so pflegt während der Bauzeit ein erhöhter Zinsfuß, aber keine besondere Abschlußprovision berechnet zu werden.

Eine besondere Organisation für Beschaffung von Kaufkrediten besteht nicht. Der Erwerb von Grundstücken vollzieht sich sowohl in kleinen, mittleren wie großen Städten in der Weise, daß der Käufer die auf dem Grundstück eingetragenen Hypotheken übernimmt, eine Anzahlung leistet und den durch beides nicht gedeckten Teil des Kaufpreises als Restkaufgeld hypothekarisch auf das Kaufobjekt eintragen läßt. Als Käufer kommen meist kleine Rentner in Betracht, die, wenn es sich, wie in mittleren Städten, nicht um große Objekte handelt, damit rechnen, das Restkaufgeld in jährlichen Raten abzahlen zu können. In größeren Städten hoffen die Käufer vielfach, daß infolge einer Wertsteigerung die Erhöhung der I. und II. Hypothek bis zur Fälligkeit des Restkaufgeldes möglich sein wird, was sich bei dem Stillstand im Grundstücksgeschäft der letzten Jahre allerdings meist als trügerisch erwiesen hat. Sind dann

Kaufkredite.

diese Restkaufgelder nicht zu beschaffen, so darf dies allerdings nicht auf einen Mangel an zweitstelligen Hypothekenkredit zurückgeführt werden, da es sich hierbei tatsächlich nicht mehr um den bis 75 oder 80 pCt. des Wertes reichenden Kredit handelt.

Der Verkauf von Wohngrundstücken hat sich in den letzten Jahren nicht unwesentlich schwieriger gestaltet, da sowohl die Käufer wegen der hohen Besitzwechselabgaben zurückhaltender, als auch die Verkäufer aus dem gleichen Grunde hinsichtlich der Höhe der Anzahlung haben anspruchsvoller werden müssen. Während früher in Städten von der Größe wie Mannheim und Hannover-Linden, um einige Beispiele zu geben, für Hausgrundstücke im Werte von 50 000 bis 60 000 M., Werkmeister und Vorarbeiter mit Ersparnissen von 5000 bis 6000 M. als Käufer auftraten, erscheint solchen dies jetzt bei einer Umsatzsteuerlast von etwa 3000 M., die bar zu zahlen ist, nicht mehr rentabel, da die Hälfte der Anzahlung auf diese Last zu verwenden ist, die Steuern überdies auch von neuem fällig werden, sobald aus wirtschaftlichen oder persönlichen Gründen der Weiterverkauf nötig wird. Dieser Hausbesitzer war bisher ein langsam zu Vermögen kommender schätzenswerter Staatsbürger, der an dem Bestehen gesunder staatlicher Verhältnisse interessiert war; schaltet die Entwicklung der wirtschaftlichen und der Steuerverhältnisse solches Emporkommen aus der arbeitenden Schicht aus, so wird damit der Nachwuchs in die Kreise der soliden Unterschichten der bemittelten Klassen eingeschränkt, was schon aus allgemein sozialen Gründen bedauert werden muß.

Zinsbedingungen der festen Hypothek.

Für die Zinsbedingungen der festen Hypothek sind die allgemeinen Geldmarktverhältnisse entscheidend. Der Reichsbankdiskont und der Privatdiskontsatz sind hierfür, wenn auch nicht direkt maßgebend, da sie sich nur auf kurzfristige, nicht auf längere Anlagen beziehen, so doch indirekt im allgemeinen bestimmend. Da die Hypothekenaktienbanken als berufsmäßige Geldquellen den bei weitem größeren Teil des Geldbedarfs zu decken haben, für diese aber, wie für die öffentlich-rechtlichen Hypothekenanstalten, die sich das Geld auch durch Verkauf von Obligationen (Provinzialobligationen, Stadtobligationen oder Obligationen von Provinzialhilfskassen) beschaffen müssen, der Kursstand der auszugebenden Wertpapiere maßgebend ist, so richtet sich nach diesen auch der Zinsfuß der Hypotheken. Es muß hier der Geldnehmer den Zinsfuß der Pfandbriefe, Provinzial- oder Stadtobligationen zuzüglich eines die Kosten der Verwaltung deckenden Zuschlags bezahlen und überdies diejenigen Kosten übernehmen, welche durch Ausgabe der Wertpapiere, nämlich für Herstellung, Reichsstempel, Talonsteuer und Vertriebsspesen entstehen. Diese Kosten können durch einmalige Zahlung gedeckt oder auch durch Erhöhung des Zinsfußes auf die Dauer der Laufzeit der Hypothek verteilt werden. Letzteres ist für einen Teil der Spesen üblich, weil der Bauunternehmer meist die hohen einmaligen Abgaben scheut, durch welche er seine eigenen Mittel schwächt. Die als einmalige Zahlung erhobenen Beträge werden oft fälschlich kurz „Provision“ genannt, obwohl man unter Provision in der Regel eine Abgeltung des Instituts für dessen Mühewaltung versteht. Da 1913 der Durchschnittskurs der 4 proz. Hypothekenpfandbriefe rund 95 bis 96 betrug, mußten für erste Hypotheken etwa $4^5/_8$ bis $4^3/_4$ pCt. Zinsen und 1 bis 2 pCt. einmalige Zahlung bedungen, bei geringerem Zinssatz die einmalige Zahlung erhöht werden. Auch die öffentlichen Kreditinstitute haben mit Rücksicht auf den Kursstand der von ihnen ausgegebenen Werte ähnliche Bedingungen stellen müssen, wenn sie diese auch auf einen $4^1/_4$ proz. Hypothekenzinsfuß aufgebaut haben. So bedang das Brandenburgische Pfandbriefinstitut bei $4^1/_4$ pCt. Zinsen Nebenleistungen, die eine Gesamthöhe von 6,45 pCt. erreichten, und zum Teil in Form eines Zuschußdarlehns aufgebracht werden konnten. Bei dem Berliner Pfandbriefinstitut mußten bei 4 pCt. Zinsen 0,16 pCt. Verwaltungskosten, Nebenkosten für Kursverlust, Stempel, Meldegebühr, Verkaufsspesen bei dem Bankier usw. 6 bis 6½ pCt. übernommen werden. Aehnlich stellten sich die Bedingungen bei der Deutschen Pfandbriefanstalt in Posen. Bei diesen Instituten werden aber nur fertiggestellte Hausgrundstücke beliehen, für neu herzustellende Bauten kommt also noch der Abschluß eines Baugeldes mit den hierdurch entstehenden Unkosten hinzu.

Alle anderen Geldgeber, namentlich die Versicherungsgesellschaften, richten sich nach den hieraus für den Hypothekenmarkt hervorgehenden Zinssätzen, sie pflegen selbst die den Hypothekeninstituten entstehenden Unkosten auch für ihre Beleihungen zu beanspruchen, obwohl ihnen derartige Spesen — nicht einmal Pfandbriefstempel und Talonsteuer treffen sie — gar nicht entstehen. Der Erwerb von Hypotheken ist ihnen leicht und sicher, sobald sie ihre Bedingungen nur um ein geringes unter die für Hypothekenbanken maßgeblichen stellen.

Auch die öffentlichen Versicherungsinstitute, so namentlich neuerdings die Reichsversicherungsanstalt für Angestellte, richten ihre Bedingungen für Hypotheken hierauf ein.

Kündigungsbedingungen.

Die aus diesen Kapitalquellen herrührenden I. Hypotheken sind

entweder u n k ü n d b a r , d. h. durch Amortisation rückzahlbar, also mit Tilgungszwang versehen,

oder k ü n d b a r , d. h. nach Ablauf einer meist zehnjährigen Periode beiderseits kündbar; Sparkassen pflegen noch kürzere Perioden zu vereinbaren.

Bei dem städtischen Besitzer erfreut sich die für den ländlichen Grundkredit die Regel bildende unkündbare Amortisationshypothek keiner besonderen Beliebtheit und deshalb nur geringer Anwendung. Eine Statistik über die Beteiligung des Hypothekenkapitals an der einen oder der anderen Form fehlt. Die als charakteristisches Merkmal der Amortisationshypothek notwendige Unkündbarkeit pflegen die Sparkassen bei ihren Amortisationshypotheken nicht zu gewähren, ebensowenig die Versicherungsgesellschaften, welche ihre Kapitalien, um bei ihrem zeitweise möglichen eigenen Kapitalbedarf darauf zurückgreifen zu können, bisher nicht haben als unkündbare anlegen wollen. Also kommen für die unkündbare Hypothek im allgemeinen nur in Betracht die öffentlich-rechtlichen Bodenkreditinstitute und die Hypothekenbanken. Die entgegenstehende Angabe in der Drucksache Nr. 10 des 55. Westfälischen Provinziallandtags, betreffend die Errichtung eines Westfälischen Pfandbriefamts für Hausgrundstücke — S. 2, Abs. 2 — entspricht nicht den Tatsachen, beruht vielmehr auf einer Unkenntnis der Hypothekenverhältnisse der Provinz. Es hatten nämlich in Westfalen in unkündbaren städtischen Amortisationshypotheken angelegt Ende 1912 beziehungsweise 1913

die Preußische Central-Bodenkredit-Aktiengesellschaft	40,7	Millionen Mark,
„ Rheinisch - Westfälische Boden-Credit-Bank	26,8	„ „
„ Westdeutsche Bodenkreditanstalt	17,9	„ „
„ Bayerische Handelsbank . . .	10,0	„ „
„ Bayerische Hypotheken- und Wechsel-Bank	1,2	„ „
„ Bayerische Vereinsbank	0,2	„ „
zusammen . .	96,8	Millionen Mark.

Aber auch die Hypothekenbanken weisen für den städtischen Hypothekenbestand im Vergleiche zu ihren gesamten Anlagen verhältnismäßig wenig Amortisationshypotheken auf. Im wesentlichen sind es einige wenige, wie die Bayerische Hypotheken- und Wechsel-Bank, die Bayerische Vereinsbank, die Bayerische Handelsbank, die Preußische Central - Bodenkredit - Aktiengesellschaft, welche sich der Pflege der unkündbaren Amortisationshypothek in größerem Umfang widmen. Von den 10,7 Milliarden städtischer Hypotheken der Hypothekenaktienbanken aus 1913 waren etwa nur 2,4 Milliarden Amortisationshypotheken[7]). Während bei den Amortisationshypotheken die Kosten der Geldbeschaffung einmalig aufzuwenden sind, oder doch den Schuldner erneut nur dann treffen, wenn er selbst einen Wechsel in der Schuldform im eigenen Interesse herbeiführt, ist bei den kündbaren Hypotheken nach Ablauf der zehn Jahre entweder eine Verlängerung des Vertrags oder Rückzahlung mit anderweitiger Geldbeschaffung nötig, wodurch dem städtischen Hausbesitzer Zinserhöhung und Provisionsopfer zugemutet werden müssen, sofern die Geldmarktverhältnisse gerade in der Zeit des Ablaufs der zehnjährigen Periode eine Versteifung erfahren haben.

---

[7]) Davon entfielen auf

Bayerische Hypotheken- und Wechsel-Bank	Millionen	Mark	459,6
Preußische Central-Bodenkredit-Aktiengesellschaft	,,	,,	346,0
Bayerische Vereinsbank	,,	,,	260,4
Bayerische Handelsbank	,,	,,	229,4
Schlesische Boden-Credit-Actien-Bank	,,	,,	124,5
Süddeutsche Bodencreditbank	,,	,,	124,3
Rheinisch-Westfälische Boden-Credit-Bank	,,	,,	114,5
Pfälzische Hypothekenbank	,,	,,	108,3

Die Abneigung der Geldnehmer gegen die Amortisationshypothek ist im wesentlichen darauf zurückzuführen, daß bei der gewerbsmäßigen Herstellung und dem meist als besonderes Gewerbe ausgeübten Ankauf städtischer Wohngrundstücke mit dem Ueberschuß gerechnet wird, welcher bei der Verwaltung eines Hauses dem Eigentümer zufließt und ihm eine höhere Verzinsung seines eigenen Kapitals gewährt. Es wird dabei davon ausgegangen, daß die Neubeschaffung der Hypothek nach Ablauf der zehnjährigen Frist Schwierigkeiten nicht mit sich bringen wird, was ja auch bei dem großen Kapitalangebote der letzten 20 Jahre mit wenigen Ausnahmen (z. B. 1900, 1907, 1913) tatsächlich der Fall gewesen sein mag.

II. Hypothek.

Da die I. Hypothek bis zu 60 pCt. des Grundstückswerts gehen soll, so bedarf der Bauunternehmer, welcher in den seltensten Fällen die fehlenden 40 pCt. selbst aufzubringen in der Lage ist, eines weiteren Kredits, für den zunächst die sogenannte II. Hypothek in Frage kommt. Diese ging bisher nach allgemeiner Anschauung bis zu 75 v. H. des Grundstückswerts. Genügt auch dieser Kredit dem Bauunternehmer nicht, so wird der Baustellenverkäufer mit einem Teile der Restkaufgelder Vorrecht einräumen und so an die letzte Stelle treten. Die II. Hypothek wird dem mit ihr verbundenen Risiko entsprechend meist nur auf 5 Jahre abgeschlossen, um dem Geldgeber die Nachprüfung der Sicherheit des Objekts und der Person des Schuldners häufiger zu ermöglichen, sie bedingt einen wenigstens 1 pCt. höheren Zinsfuß als die I. Hypothek. Neuerdings pflegen die Geldgeber also 5½ bis 6 pCt. zu beanspruchen, sich auch der bei der I. Hypothek üblichen Gewohnheit entsprechend eine Abschlußprovision zahlen zu lassen. Da die Hausbesitzer es vorziehen, für II. Hypotheken höchstens einen Zinsfuß von 5 pCt. in das Grundbuch eintragen zu lassen, so zahlen sie dem Geldgeber den überschießenden Zinsbetrag von ½ oder 1 pCt. für die Zeit des Hypothekenabschlusses im voraus, wodurch dann leicht eine einmalige Zahlung von 5 pCt. entstehen kann. Wenn in der öffentlichen Diskussion von außergewöhnlich höheren Barzahlungen — meist Damnum genannt — gesprochen wird, so mag auch dieses vorkommen, man übersieht in solchen Fällen aber wohl oft, daß es sich dann überhaupt nicht mehr um eine zweitstellige Hypothek innerhalb 75 oder auch 80 pCt. des Wertes handelt, sondern daß es sich dabei meist um Kredite, die dem vollen Werte des Grundstücks sehr nahe kommen, dreht. Die Beschaffung der II. Hypothek hat bis auf die letzten Jahre Schwierigkeiten nicht gemacht, weil hierfür hinreichend Privatkapital mittlerer und kleinerer Kapitalisten zur Verfügung stand, die in dieser Form ihr Geld zu einem höheren Zinsfuß anlegten, wobei sie nach früher gemachten Erfahrungen eine ausreichende Sicherheit fanden, selbst für den Fall, daß sie im Ernstfalle gezwungen sein sollten, das Grundstück zu übernehmen.

Oft verpflichtet sich der Baustellenverkäufer, die II. Hypothek in der Grenze von 60 bis 80 pCt. des Grundstückswerts zu geben oder anderweit zu beschaffen, wie für Mannheim ausdrücklich in dem Berichte des Grundbuchamts Mannheim für das Jahr 1911, S. 8, festgestellt wird.

2. Welche Umstände fördern etwa eine tatsächliche Ueberschreitung der Beleihungsgrenzen, wie sie für die Hypothekenbanken, die Landesversicherungsanstalten, die Sparkassen und die unter Aufsicht stehenden Versicherungsunternehmungen gesetzt sind?

Daß eine tatsächliche Ueberschreitung der Beleihungsgrenzen, wie sie für die Hypothekenbanken, Landesversicherungsanstalten, Sparkassen und die unter Aufsicht stehenden

Versicherungsunternehmen gesetzt sind, stattfindet, kann allgemein nicht anerkannt werden. Selbstverständlich ist die Feststellung des Wertes eines Grundstücks nicht frei von Irrtümern. Der Wert ist keine durch ein abstraktes Denkverfahren oder Rechenexempel feststellbare Zahl — wie etwa das spezifische Gewicht eines Gegenstandes — der Wert beruht auf Schätzung, und zwar auf einer bei gesunder Geschäftslage begründeten, ja sogar notwendigen optimistischen Beurteilung. Denn keine geschäftliche Tätigkeit kann eines gesunden Optimismus entbehren. Die Abschätzung von Wohnhausbauten zum Zwecke der Beleihung findet in der Regel an der Hand der Pläne statt, bevor das Haus hergestellt ist, ja, oft schon, wenn es noch an bereits vermieteten, zum Vergleiche heranzuziehenden Nachbargrundstücken fehlt. Wenn also von Umständen gesprochen werden kann, welche eine Ueberschreitung der Beleihungsgrenze herbeiführen, liegt es also an dem Fehlen einer Vergleichsmöglichkeit und in dem Umstande, daß den Abschätzenden die Erwartung leitet, die Vermietung namentlich der als Läden gedachten Parterreräumlichkeiten werde bei fortschreitender Entwicklung des betreffenden Stadtteils eine steigende Rente abwerfen.

Die von den Hypothekenbanken zumeist seit Jahrzehnten gegebenen Uebersichten über das Verhältnis ihrer Beleihungen zu den erzielten Kaufpreisen beweisen, daß als Regel eine gesunde Innehaltung der Beleihungsgrenze festgestellt werden kann. Allerdings leidet diese Statistik an Mängeln, die sie aber keineswegs wertlos machen. Tatsächlich muß die große Menge der Beleihungen doch den Anforderungen der gesetzlichen Bestimmungen entsprechen, sonst könnte diese Statistik nicht dauernd so gleiche, und meist unter 66 pCt. der Kaufpreise bleibende Beleihungen aufweisen. Auch für die Versicherungsgesellschaften bestätigen ein gleiches die Veröffentlichungen des Aufsichtsamts für Privatversicherung, wenn hier auch die Statistik nach anderen Grundsätzen aufgemacht ist. Gerade diese Veröffentlichungen erweisen, daß die auf Privatschätzungen beruhenden Beleihungen den Verkaufswerten richtiger angepaßt sind, als die auf öffentliche Taxen gestützten Beleihungen, denn zwischen 1904 und 1912 entsprachen nach den Veröffentlichungen des Aufsichtsamts für Privatversicherung bei 9684 auf Grund von Privattaxen beliehenen Grundstücken die Darlehen 62,3 pCt. der Verkaufspreise, während bei 2312 auf öffentlichen Taxen beruhenden Beleihungsfällen die Darlehen nur 49,7 pCt. der Verkaufspreise ausmachten[8]). Der wirtschaftlich richtigen und notwendigen Beleihungsgrenze von 60 pCt. entspricht die erste Zahl gerechter als die letztere. Im Gegenteil müßten allgemein so niedrige Beleihungen von 49,7 pCt. als dem wirtschaftlichen Bedürfnisse nicht entsprechend bezeichnet werden.

Die zurückliegenden 40 Jahre, welchen der Aufschwung der Hypothekenbank- und des Versicherungswesens im wesentlichen zu danken ist, haben den Beweis erbracht, daß die Art der Abschätzungen im großen und ganzen, soweit es sich um Wohnungsgrundstücke handelt, das Richtige trifft. Sind Fehler und in deren Folge Nackenschläge vorgekommen, so liegen diese auf ganz anderem Gebiete. Selbstverständlich sind auch Wertabschätzungen nicht von dauernder Richtigkeit. Wie jeder Vermögenswert im wirtschaftlichen Leben Schwankungen unterliegt, so natürlich auch Hausgrundstücke, auf deren Wert von zwei Seiten aus nachteilig eingewirkt werden kann. Einmal können infolge unsachgemäßer Verwaltung oder aus anderen Gründen (Ueberproduktion, Industrialisierung ganzer Stadtteile, Verbesserung der Ver-

---

[8]) Statistisches Material für die Immobiliar-Kreditkommission, Drucksache Nr. 1, S. 22.

kehrsverhältnisse nach anderen Gegenden, Verbesserung der Wohnverhältnisse in neuen Häusern) die Mieten heruntergehen, und zweitens können die Zinsen der kündbaren Kapitalien infolge Veränderung des Geldmarkts heraufgehen und dem Grundbesitzer andere Lasten entstehen, wodurch in beiden Fällen die Rente vermindert wird. Wenn, wie in letzter Zeit, sich in beiden Richtungen für den Hausbesitzer Nachteile bemerkbar machen, so ist das günstige Verhältnis zwischen Beleihung und Wert gefährdet. Diesem Uebelstande wird wenigstens in der ersten Richtung durch die unkündbare Amortisationshypothek begegnet sein.

3. Inwieweit hat Art und Höhe der Beleihung Bedeutung für die Bewertung und Verkäuflichkeit des Grundstücks?

Daß die Höhe der Beleihung direkt auf den Wert des Grundstücks und seine Verkäuflichkeit entscheidenden Einfluß hat, kann allgemein nicht angenommen werden. Im Durchschnitt wird man die Erfahrung machen, daß die Käufer sich durch eine hohe Beleihung nicht über den Wert eines Grundstücks täuschen lassen, sondern daß sie selbst eine sorgfältige Rentabilitätsberechnung aufstellen und nur da kaufen, wo ihnen diese einen ausreichenden Anreiz bietet. Einen deutlichen Beweis hierfür bietet die Unbeliebtheit der Tilgungshypothek, denn der Käufer zieht meist einen erhöhten Ueberschuß der mit einer Tilgungshypothek gegebenen Sicherheit des Besitzes vor. Indirekt wird allerdings die Verkäuflichkeit durch eine ausreichende oder hohe Beleihung gefördert, weil der Kreis der Kaufreflektanten wächst, wenn zum Erwerb ein kleineres Eigenkapital gehört. Wie überall verstärkt hier der vorhandene größere Kreis der Käufer die Nachfrage und beeinflußt so das Verkaufsgeschäft in einer für die Verkäufer günstigen Weise.

4. Welchen Einfluß hat die Verschuldung auf den Mietpreis?

Daß die Verschuldung einen Einfluß auf die Mietpreise ausübt, ist nicht zu leugnen. Das Eigenkapital des Hausbesitzers erwartet mit Rücksicht auf die mit dem Besitze verbundene Last und das unvermeidliche Risiko eine höhere Verzinsung als die mit fester Rente ausgestattete Hypothek (sogenannter Ueberschuß). Je höher sonach die Hypothekenbelastung ist, um so weiter an die Wertgrenze heran reicht der niedrige Zinsfuß, um so größer wird der Ueberschuß und um so eher ist der Eigentümer in der Lage, von seinem Ueberschusse bei den Mieten nachzulassen. Erfahrungsgemäß begnügt sich der hochverschuldete Hausbesitzer mit geringeren Mieten, und gibt bei einem Fallen derselben eher nach, als der kräftige, nicht hoch verschuldete Hausbesitzer, da ersterer, um sein Kapital nicht zu verlieren, alle Anstrengungen machen wird, wenigstens die Zinsen der Hypotheken aus dem Hausbesitze zu decken, während der besser situierte Hausbesitzer, selbst bei zeitweisem Leerstehen einzelner Wohnungen, eher auf Preise zu halten in der Lage ist.

5. Welche Schwierigkeiten bestehen in der Beschaffung des Kredits?

Daß bei gesunden wirtschaftlichen Verhältnissen, wenn Störungen allgemeiner Natur nicht vorliegen, Schwierigkeiten in der Beschaffung des Kredits nicht bestehen, kann aus dem Verlaufe der letzten 40 Jahre entnommen werden. Jahrzehntelang haben Hypothekenbanken und Versicherungsgesellschaften sowie Sparkassen Hypothekarkredit mit Rücksicht auf die Nachfrage geradezu in unbegrenztem Maße beschafft. Die zurzeit hervortretenden Mißstände auf dem Gebiete des Realkredits machen sich denn auch weniger auf dem Gebiete der erststelligen Hypotheken, denen sich diese Institute widmen, bemerkbar, als auf dem der II. Hypotheken. Bei den letzteren sprechen aber besondere Momente mit. Die Verhältnisse der II. Hypothek sind nämlich durch das BGB. und das Gesetz, betreffend die Zwangsversteigerung sowie durch die steuerliche Gesetzgebung von Reich, Staat, Kreis und Gemeinde derartig verschlechtert worden, daß das Privatkapital sich von dieser Art der Geldanlage zurückzuziehen beginnt. Es ist ja in der Oeffentlichkeit hinreichend erörtert worden und darf deshalb hier nur angedeutet werden, worin diese Nachteile beruhen:

1. Die §§ 1123, 24 BGB., § 57 ZwVG. in Verbindung mit § 573, Satz 1, BGB. ermöglichen es unsoliden Hausbesitzern, die zur Befriedigung der Hypothekengläubiger bestimmten Mieterträge auf Jahresfrist dem Hypothekengläubiger zu entziehen. In großen Städten wird von dieser Möglichkeit fast allgemein Gebrauch gemacht, sobald der Eigentümer sieht, daß ihm eine Erhaltung des Besitzes nicht möglich ist. Kommt das Grundstück dann zur Zwangsversteigerung, so können den Hypothekengläubigern die Mieten auf ein volles Jahr entgehen, während Zinsrückstände in der Zwangsversteigerung von dem seine Eintragung schützenden zweiten Hypothekengläubiger bar zu entrichten sind[9]).
2. Die bei Besitzwechsel fälligen sogenannten Umsatzsteuern sind infolge Zugriffs durch Reich, Staat, Kreis und Gemeinde so hohe geworden — zusammen meist 4 bis 5 pCt. —, daß es selbst mittleren Kapitalisten oft nicht mehr möglich ist, zur Sicherung ihrer II. Hypothek im Falle der Zwangsversteigerung ein Grundstück zu erwerben, zumal bei dem Wiederverkauf, mit dem in den meisten Fällen gerechnet wird, nicht nur dieselbe Steuer

---

[9]) Inzwischen ist dieser Mangel z. T. behoben durch das Reichsgesetz zur Einschränkung der Verfügungen über Miet- und Pachtzinsforderungen vom 8. Juni 1915.

entsteht, sondern noch die komplizierte Wertzuwachssteuer die Realisation erschwert. Es muß bei diesen steuerlichen Lasten berücksichtigt werden, daß sie bar zahlbar sind. Da die Barmittel bei dem Grundstücksgeschäft im Verhältnis zum Kredit (I., II. Hypothek und Restkaufgeld) nur gering zu sein pflegen, so empfindet der Privatmann diese Steuern um so härter, als sie vielleicht zu dem zahlenmäßigen Werte des Objekts, nicht aber zu den baren Mitteln, die bei Besitzwechsel in Umlauf zu kommen pflegen, in erträglichem Verhältnisse stehen, in der Zwangsversteigerung obendrein nicht von dem durch das Gebot erwiesenen Interesse, sondern von dem unabhängig hiervon festgesetzten höheren gemeinen Wert berechnet werden[10]).

3. Die in der Grundwertsteuer immer mehr gestiegene Belastung des Grundbesitzes hat die Kapitalanlage in Grundstücken immer unbeliebter und die Kapitalisten immer zurückhaltender gemacht, den Kreis der Kaufreflektanten also verringert, was für den Hypothekengläubiger, der mit einem Weiterverkauf des in der Subhastation erstandenen Grundstücks rechnet, nicht unerheblich ins Gewicht fällt.

Daß die mit Tilgungszwang verbundene erststellige Amortisationshypothek wegen ihrer Unkündbarkeit die Sicherheit der II. Hypothek wesentlich zu fördern geeignet ist, scheint bisher den auf zweite Hypotheken rechnenden Privatkapitalisten nicht zum Bewußtsein gekommen zu sein. Eine Organisation zur Beschaffung von II. Hypotheken besteht, abgesehen von neuerdings seitens einer Reihe von Gemeinden ins Leben gerufenen Hilfsaktionen, nicht. Der Kreditsucher ist auf die Mittel seines

---

[10]) Verwaltungsbericht des Stadtrats der Großherzogl. Badischen Hauptstadt Mannheim — Grundbuchamt — für 1912, S. 21.

Bekanntenkreises, eigene Bemühungen, Aufsuchen durch Zeitungen und schließlich den gewerbsmäßigen Hypothekenmakler angewiesen. Ebenso fehlt eine zuverlässige Organisation für die Beratung von an II. Hypotheken beteiligten Kapitalisten, sobald es sich um die Wahrnehmung der Rechte sowie um die Uebernahme und Verwaltung des Hausgrundstücks handelt. Für ländliche Verhältnisse ist in den im Anschluß an die Landwirtschaftskammern errichteten sogenannten Beratungsstellen eine vortreffliche Organisation geschaffen worden.

Wenn es gelingt, durch eine Aenderung der störenden Gesetze und steuerlichen Bestimmungen das Zutrauen des Privatpublikums zur II. Hypothek — vielleicht unter stärkerer Betonung der Amortisationshypothek für den erststelligen Kredit — wieder zu beleben, so würde das auch nach anderer Richtung für die kleineren und mittleren Kapitalisten segensreich sein. Denn zurzeit wenden sich solche Kapitalisten, welche mit einer wenigstens teilweise höheren Verzinsung ihrer Mittel rechnen müssen, weil sie diese in einer gesunden II. Hypothek ohne großes Risiko nicht finden, mehr wie erwünscht ausländischen Werten zu, welche diese höhere Verzinsung gewähren, oft aber in ihren Sicherheiten zu wünschen übrig lassen. Daß bis zur Beschaffung einer II. Hypothek die an dem Bau beteiligten Handwerker mit Auszahlung des Restes ihrer Kredite warten müssen, ist üblich. Bei dem Mangel an Kapital für II. Hypotheken können natürlich nachteilige Wirkungen auf den Handwerkerstand nicht ausbleiben.

Unter der Form der II. Hypothek haben sich grundbuchliche Belastungen an zweiter Stelle in den Verkehr eingeschlichen, welche nur äußerlich die Stelle der II. Hypothek einnehmen, in ihrer Entstehungsart und Höhe sich aber doch wesentlich von dieser unterscheiden. Bei Terraingeschäften wird nämlich der Verkauf von Baustellen häufig dadurch gefördert, daß einem Bauunternehmer, dem die Beschaffung der II. Hypothek Schwierigkeiten macht, diese von dem Terrainunternehmer gewährt wird mit der Bedingung, daß er bei dieser Gelegenheit eine oder gar zwei neue Baustellen übernimmt, und es wird dann oft ein ganz geringer Teil der sogenannten II. Hypothek als Anzahlung auf die Baustellen verrechnet. Derartige II. Hypotheken gehen dann natürlich über den Rahmen einer gesunden II. Hypothek hinaus und bergen für den Unternehmer wie späteren Erwerber des Grundstücks nicht unerhebliche Gefahren. Ueberdies wird dadurch mancher Unternehmer zum Bau angeregt, der besser täte, sich einem neuen Unternehmen so lange fern zu halten, bis er sich durch Verkauf des alten Grundstücks flüssig gestellt hat und eine neue Baustelle durch einwandfreien Kaufvertrag erwerben kann.

Was die Frage nach einer angemessenen Befriedigung des Wohnungsbaues durch die öffentlichen und privaten Realkredit gebenden Anstalten anlangt, so kann kein Zweifel darüber bestehen, daß der Wohnungsbau bei den meisten dieser Institute eine genügende Berücksichtigung findet. Allerdings fehlen bei vielen Instituten gerade bezüglich des Wohnungsbaues zuverlässige statistische Angaben. Bezüglich der Hypothekenbanken ist man aber in der Lage, aus dem vorliegenden Zahlenmaterial für die Frage einige Schlüsse zu ziehen.

Ende 1913 hatten die deutschen Hypothekenbanken einen Gesamtbestand von städtischen Darlehen in Höhe von 10 681 000 000 M., wovon etwa 3 Milliarden auf Berlin und Vororte entfallen dürften.

Die von den Banken gemäß § 28, Ziffer I, des Hypothekenbankgesetzes publizierte Statistik der Größengruppen gibt die letzteren nur für ländliche und städtische Darlehen zusammen an. Danach entfielen Ende 1913 von dem gesamten Hypothekarbestande der deutschen Hypothekenbanken von 11,4 Milliarden Mark etwa 1,4 Milliarden Mark auf Darlehen von mehr als 500 000 M., also auf solche, von denen es bezweifelt werden könnte, ob sie dem städtischen Wohnhausbau dienen.

Wenn man diese Darlehen von mehr als 500 000 M. sowie die sämtlichen ländlichen Beleihungen der Banken fortläßt, so bleiben für den Kredit des eigentlichen städtischen Wohnhausbaues mindestens 9 000 000 000 M. Man kann also annehmen, daß von den rund 10,7 Milliarden Mark städtischer Hypotheken rund 9 Milliarden Mark auf den Bau von Wohnhäusern entfallen. Allgemein erkennt Freiherr von Pechmann in seinem Referat zum Erbbaurecht — erstattet auf dem 31. Juristentage 1912[11]) — an, daß es

> „nicht außerhalb, sondern innerhalb des Wirkungskreises der Hypothekenbanken liege, zugleich auch in ihrem wohlverstandensten eigensten Interesse, daß sie die Bemühungen um Reformen im Städtebauwesen, insbesondere um die Verbesserung der Wohnungsverhältnisse der Minderbemittelten und Unbemittelten, aufmerksam verfolgen und daß sie diese Bemühungen mit dem, was ihnen an Einfluß und Mitteln zu Gebote steht, fördern und unterstützen."

Er stützt sich hierbei sicher auf die von ihm bei Beobachtung des Hypothekenmarktes gemachten Erfahrungen. Im besonderen hat die Bayerische Handels-

---

[11]) Verhandlungen des 31. Deutschen Juristentages. 3. Band. (1913) S. 59.

bank im Jahre 1911[12]) zum ersten Male den Versuch gemacht, „ziffernmäßig den Anteil festzustellen, den ihre Kreditgewährungen an der Erstellung billiger Wohnungen für die minderbemittelten Klassen der Bevölkerung haben. In den beiden Jahren 1910 und 1911 hat sie 21 077 900 M. ausgeliehen auf Häuser, in denen sich Kleinwohnungen befinden, d. h. Wohnungen von nicht mehr als 4 bewohnbaren Räumen bei einem Einheitsmietpreise von 15 M. und weniger pro Zimmer und Monat. Derartige Wohnungen waren vorhanden 3322, und zwar 105 in Einfamilienhäusern, 1733 in kleineren Wohn- und Miethäusern, 1484 in Etagenhäusern großstädtischen Typs."

Auch die Preußische Central-Bodenkredit-Aktiengesellschaft läßt in ihren Jahresberichten von 1912 und 1913 erkennen, daß sie dem Kleinwohnungsbau auch in kleineren Städten ihre Aufmerksamkeit in vollem Maße zuwendet[13]), und wenn man, soweit möglich, nach den Jahresberichten der Hypothekenbanken ermittelt, welchen Umfang das Berliner Beleihungsgeschäft angenommen hat, so ergibt sich für 22 Hypothekenbanken, die darüber ausreichende Mitteilungen machen, daß von ihrem gesamten städtischen Hypothekenbestande von 7 236 645 000 M. 2 646 618 000 M., also nur etwas mehr als ein Drittel auf Hypotheken entfallen, die in Berlin und Vororten ausgeliehen sind. Auch hieraus läßt sich der

---

[12]) Geschäftsbericht der Bank für 1911, S. 7.

[13]) Ende 1912 verteilten sich die städtischen Registerhypotheken dieser Bank auf 521 Orte, und zwar auf: 39 Großstädte, 128 Mittelstädte, 354 Kleinstädte. Das einzelne städtische Darlehn betrug im Durchschnitt: in den Großstädten 82 483,23 M., in den Mittelstädten 35 014,95 M., in den Kleinstädten 23 180,31 M. Geschäftsbericht der Bank für 1913 S. 10. Ähnlich im Geschäftsbericht für 1912, S. 10.

Schluß ziehen, daß das Wohnungswesen in der Provinz durch die Hypothekenbanken eine Unterstützung erfährt, die zu ihren Gesamtmitteln in durchaus gesundem Verhältnis steht. Der Betrag der unter 200 000 M. liegenden Beleihungen der Hypothekenbanken und dessen jährliche Zunahme lassen gleichfalls erkennen, daß den Kleinwohnungshäusern ausreichende Aufmerksamkeit geschenkt wird, denn diese Hypotheken können sich im wesentlichen nur auf solche Häuser beziehen, da die Häuser mit großen Wohnungen meist höhere I. Hypotheken erfordern[14]).

Die Hypotheken bis zum Einzelbetrage von 200 000 Mark[15]) machten bei den deutschen Hypothekenbanken aus:

Ende 1907	. . . .	in Milliarden	Mark	5,8
„ 1908	. . . .	„	„	6,2
„ 1909	. . . .	„	„	6,5
„ 1910	. . . .	„	„	7,0
„ 1911	. . . .	„	„	7,3
„ 1912	. . . .	„	„	7,4
„ 1913	. . . .	„	„	7,6

Bei den Versicherungsgesellschaften überwiegt die Vorliebe für Hypotheken in Berlin und Vororten und daneben in Städten mit über 200 000 Einwohnern[16]), weshalb sich auch der Durchschnittsbetrag des einzelnen Darlehns bei den Versicherungsgesellschaften auf 105 000 M., dagegen bei den Hypothekenbanken auf 45 000 M. beläuft[17]).

---

14) Vgl. auch Reich, Emmy: Der Wohnungsmarkt in Berlin von 1840—1910 S. 45.

15) Einschl. der ländlichen Darlehen, die aber Ende 1913 im ganzen nur ¾ Milliarden Mark ausmachten.

16) Geschäftsbericht d. Kaiserl. Aufsichtsamts für Privatversicherung für 1912, S. 31, 32, 33.

17) Geschäftsbericht d. Kaiserl. Aufsichtsamts für Privatversicherung für 1912, S. 32/33.

Daß für Kleinwohnungsbauten in ruhigen Zeiten auch zweitstelliges Hypothekengeld in ausreichendem Maße zur Verfügung stand, kann für die größeren Städte angenommen werden, denn das als Geldgeber in Betracht kommende Publikum (kleine Rentner) steht den Verhältnissen der Kleinwohnungshäuser näher als den mit großen Wohnungen ausgestatteten Häusern. Allerdings ist in schnell aufblühenden Industriezentren die Beschaffung derartiger II. Hypotheken für Kleinwohnungen mit größerer Schwierigkeit verknüpft, da an sich das Kapitalangebot für feste Anlagen in solchen Gegenden geringer zu sein pflegt. Hier hat deshalb die Herstellung von Kleinwohnungsbauten durch die industriellen Unternehmungen zuerst und neuerdings in fortschreitendem Maße eingesetzt. Eine Schwierigkeit in der Beschaffung II. Hypothekenkredits liegt, wie bereits erwähnt, in dem Fehlen einer eigentlichen Organisation des Marktes für II. Hypotheken, durch welchen die Vermittlung zwischen Geldgeber und Geldnehmer herbeigeführt wird.

6. Worauf beruhen die Schwankungen in dem Angebote von Kapital für den städtischen Grundkredit und wie äußern sie sich in ihrer Wirkung auf die Bautätigkeit, den Wohnungsmarkt und die Mietpreise?

Die Schwankungen, welche sich auf dem Geldmarkt bemerkbar machen, berühren selbstverständlich auch die Grundkreditinstitute, welche die Zuführung der Kreditmittel hauptsächlich betreiben. Der Pfandbriefverkauf läßt bei ungünstiger Lage des Geldmarktes nach und zwingt die Institute, sich in ihrer Ausleihung Einschränkungen aufzuerlegen. Dieser Einwirkung können sich dieselben auch nicht sogleich dadurch entziehen, daß sie die Pfandbriefe mit einem anderen, — also höheren — Zinsfuße ausstatten, denn einmal vollziehen sich derartige Geldverknappungen und Geldverteuerungen nicht mit einer solchen Gleichmäßigkeit, daß die Politik der Geldinstitute danach sofort ihre Maßnahmen, die doch immer auf einen größeren Zeitraum eingestellt sein müssen, ändern kann, und zweitens bringt der Uebergang zu einem höheren Pfandbrieftypus nachteilige Wirkungen für den vorhandenen Pfandbriefbestand und für den auf Neubeleihung wartenden Grundbesitzer mit sich, so daß bei solchen Aenderungen mit einer besonderen Vorsicht vorgegangen werden muß. Aus diesem Grunde haben die Hypothekenbanken sowohl 1907/08 wie 1912/13, von 3 Ausnahmen abgesehen, es auch für richtig gehalten, vorderhand 4½ prozentige Pfandbriefe nicht auszugeben[18]).

Die Wirtschaftsgeschichte der letzten 25 Jahre zeigt deutlich, wie eng die Hypothekenverhältnisse mit den allgemeinen Geldverhältnissen in Verbindung stehen. Als im Anfang der neunziger Jahre der große Geldüberfluß zu den Konvertierungen der Staatsanleihen von 4 pCt. auf 3½ pCt. führte, folgten auch die Hypothekenbanken diesem Beispiel und setzten die Zinsen eines Teiles ihrer Pfandbriefe in Uebereinstimmung mit den Gläubigern auf 3½ pCt. herab, so die Preußische Central-Bodenkredit-Aktiengesellschaft im Jahre 1894 mit der Konvertierung ihrer 4 prozentigen Pfandbriefe. In demselben Maße wurde auch den Hypothekenschuldnern die Teilnahme an dieser Konvertierung angeboten und zum Teil von ihnen durchgeführt. Infolge dieser Erscheinung wurden von 1895 an nur 3½ prozentige Pfandbriefe neu ausgegeben und daraufhin Hypothekenkapital zu 3¾,

---

[18]) Jahresberichte der Frankfurter Hypothekenbank für 1907, S. 2, für 1912, S. 1, der Rheinischen Hypothekenbank für 1912, S. 1 u. a. m.

$3^7/_8$ und 4 pCt., teils sogar ohne Berechnung jeglicher Spesen, ausgeliehen. Das Angebot an Kapital war damals außergewöhnlich groß. Erst als mit dem Jahre 1898 die Industrie sich eines lebhaften Aufschwunges erfreute, wurde das Geld teurer, die Kurse der Staatsanleihen und Pfandbriefe sanken und die Hypothekenbanken mußten wieder dazu übergehen, 4 prozentige Pfandbriefe auszugeben, weil es anders nicht möglich war, Privatkapital zur Anlage in Pfandbriefen zu bewegen.

Die Geldverteuerung um 1900 und die damals erforderliche Stützung zweier notleidender Hypothekenbanken, die über ihre Verhältnisse in anderen Wirtschaftsgebieten als den ihnen zugewiesenen engagiert waren, ließ die Kurse der Pfandbriefe selbst bei den bedeutendsten Hypothekenbanken bis auf beinahe 96 für die 4 prozentigen, und bis auf etwa 87,50 für die 3½ prozentigen Pfandbriefe sinken und schränkte die Kapitalzufuhr zum Hypothekenmarkt wesentlich ein.

Nachdem vorübergehend 1903/04 eine Erleichterung des Geldmarktes eingetreten war, die wieder die Ausgabe 3½ proz. Pfandbriefe ermöglichte, trat von neuem infolge des Aufblühens der Industrie eine Geldverteuerung ein, die 1907/08 bei der starken Inanspruchnahme des kontinentalen Geldmarktes durch Amerika zu einer außergewöhnlichen Geldversteifung führte und den Pfandbriefabsatz nachteilig beeinflußte. Eine gleiche Erscheinung brachten die Jahre 1912/13, allerdings in einer seit den siebziger Jahren noch nicht dagewesenen Schärfe. Wurde schon durch das Prosperieren der Industrie dem Markte ein großer Teil des verfügbaren Kapitals entzogen, so führten die schlechte Ernte von 1911, die starke Abwanderung des Geldes ins Ausland behufs Anschaffung von landwirtschaftlichen Futtermitteln (etwa 1 Milliarde) und nicht zuletzt die politischen Sorgen eine Zurückhaltung des Geldmarktes in ganz ungewöhnlichem

Maße herbei, was auch in den hohen Diskontsätzen zum Ausdruck kam.

Die als besondere Anlage[19]) beigefügte Uebersicht über die Zunahmebewegung des Pfandbriefumlaufs bzw. der Hypotheken der deutschen Hypothekenbanken, der Versicherungsgesellschaften, Sparkassen und Landschaften im Verhältnis zu der Bewegung des Bankdiskonts zeigt deutlich, daß sich die den Hypothekenbanken nachteiligen Verhältnisse des Geldmarktes auch bei den übrigen Geldquellen für Hypotheken bemerkbar gemacht haben. Es ist in den Jahren 1892/93, 1899/1900, 1907/08 wie 1912 auch bei den Sparkassen, Landschaften und Versicherungsgesellschaften eine Minderzunahme zu beobachten. Diese Schwankungen sind eben allgemein wirtschaftlicher Natur, denen alle am Hypothekenmarkt beteiligten Institute unterworfen sind, gleichviel, ob sie privatwirtschaftliche oder öffentliche Organisationen sind. Der Umstand, daß selbst die preußischen Landschaften 1912 und 1913 mit dem Abschluß von Beleihungen und Aushändigung von Pfandbriefen haben zurückhalten müssen, beweist, daß auch die Städte, wenn sie ähnliche Institute, sogenannte Stadtschaften gründen würden, in solchen Zeiten in ihrem Geldangebot behindert wären. Haben doch 1913 selbst die Kommunen für ihren eigenen Anleihebedarf nicht immer eine offene Tür gefunden.

Jede Verknappung und Verteuerung der Leihgelder wird je nach Umfang und Dauer das Baugewerbe mehr oder weniger einschränken, und die Mieten werden mangels entsprechender Zunahme des Angebots steigen. Eine Belebung der Bautätigkeit kann bei solchen Krisen nur eintreten, wenn entweder die Steigerung der Mieten den

---

[19]) Siehe auch die Tabellen S. 61 u. 62 am Schlusse dieses Buches.

Ausgleich für den höheren Zinsaufwand schafft, oder
die Herstellung des Hauses selbst billiger wird, sei es,
daß der Preis für den Grund und Boden sinkt oder der
eigentliche Bau geringere Kosten erfordert, oder
das Grundleihgeld selbst wieder auf einen geringeren
Zinsfuß zurückfällt.

7. Bis zu welcher Höhe sind die Miethäuser in der Regel belastet? Wie hoch wird die Verschuldung des städtischen Grund und Bodens überhaupt anzunehmen sein und welchen Anteil haben hierbei schätzungsweise die II. Hypotheken?

Zu einer erschöpfenden Beantwortung dieser Fragen fehlt es an statistischem Material. Eine einheitliche Statistik über den Wert des Grundbesitzes und die Höhe der Hypothekarverschuldung in Deutschland liegt bisher nicht vor. In einzelnen Bundesstaaten sind zwar gelegentlich Einzelaufnahmen der Hypothekenschulden veranstaltet worden, sie betreffen aber — wenigstens in den größeren Staaten — zumeist nur kleinere Teile der Staatsgebiete oder beschränken sich, wie die in Preußen für 1901 einmalig durchgeführte Statistik der Verschuldung der ländlichen Grundbesitzer auf ein einzelnes Wirtschaftsgebiet. Auch die in Preußen und den übrigen größeren Bundesstaaten regelmäßig geführte Statistik der Bewegung der Bodenverschuldung bietet keine geeignete Grundlage für eine zuverlässige Schätzung der gesamten deutschen Hypothekarverschuldung.

Gewisse Anhaltspunkte für die städtische Hypothekarverschuldung finden sich in der Statistik der Stadt Berlin, welche für Ende 1911 aus dem mit 4,2 pCt. kapitalisierten Nutzertrag der bebauten Grundstücke für Berlin einen Wert des bebauten Grund und Bodens in

Höhe von 9 425 063 733 M.[20]) berechnet, und gleichzeitig die Verschuldung dieses Grundbesitzes in Höhe von 6 873 372 173 M.[21]) feststellt. Die Gegenüberstellung dieser beiden Zahlen würde ergeben, daß in Berlin eine durchschnittliche Belastung des Grund und Bodens mit etwa 72,9 pCt. besteht. Aehnlich ergibt eine von Andreas Voigt[22]) mitgeteilte Uebersicht für Berlin in Prozenten des gemeinen Werts eine Durchschnittsbelastung von 73,3 pCt. Von diesen allgemeinen Durchschnittsziffern werden die Belastungen der Grundstücke im einzelnen mehr oder weniger stark abweichen. In einer großen Zahl von Fällen werden sie die Höhe von 73 pCt. bei weitem nicht erreichen, in anderen Fällen dagegen werden sie diesen Satz noch erheblich übersteigen. So stellte Paul Voigt[23]) für Charlottenburg fest, daß die älteren Straßen viel weniger verschuldet waren als die neueren. In den älteren blieb die Verschuldung unter drei Viertel des gemeinen Werts der belasteten Grundstücke, während sie in den neueren bis zu 96 pCt. dieses Wertes anstieg und in einzelnen Fällen sogar hierüber noch hinausging.

Besonderes Interesse wird die Frage nach der Höhe der Belastung bei denjenigen Grundstücken bieten, die zur Zwangsversteigerung gekommen sind. Vereinzelt liegen auf diesem Gebiete lokale Ermittlungen vor. So ist z. B. dem Verwaltungsbericht des Stadtrats von Mannheim — Grund-

---

[20]) Statistisches Jahrbuch der Stadt Berlin, 32. Jahrgang. (1913.) S. 277.*

[21]) Ebenda S. 273.*

[22]) Voigt, Andreas; Die Bodenbesitzverhältnisse, das Bau- und Wohnungswesen in Berlin und seinen Vororten. Schriften des Vereins für Sozialpolitik. Band 94. Leipzig 1901. S. 187.

[23]) Voigt, Paul; Grundrente und Wohnungsfrage in Berlin und seinen Vororten. Jena 1901. S. 207.

buchamt — für 1912 S. 21 zu entnehmen, daß die dortigen Zwangsversteigerungen folgende Ergebnisse hatten:

Zahl der Grundstücke		Schätzungswert	Gesamtbelastung
1912	64	3 906 090	4 133 767
1911	46	2 738 730	3 826 143
1910	75	4 512 724	6 600 000

Eine Untersuchung der in den Berliner Neuesten Hypotheken- und Grundstücksnachrichten im ersten Quartal der Jahre 1911 und 1912 verzeichneten Subhastationen hatte folgendes Resultat:

	I. Quartal 1911	I. Quartal 1912
Die Gesamtbelastung der versteigerten Grundstücke betrug	75 508 932	135 922 300,
von diesen Beträgen entfielen auf die erststellige Belastung:	49 079 691	89 689 975.
Nimmt man an, daß die erststellige Belastung sich innerhalb 60 pCt. des Grundstückswerts hält, so hätte die mit 75 pCt. auslaufende zweitstellige Belastung	12 269 934	22 422 500
betragen sollen. Tatsächlich gingen aber der erststelligen Belastung	26 429 241	46 232 325
nach, d. h. die Grundstücke waren mit	14 159 307	23 809 825
über die 75 prozentige Beleihung hinaus belastet. Im Durchschnitt trugen die Grundstücke eine Belastung von	92,31 pCt.	90,93 pCt.

Es dürfte unter diesen Umständen schwer zu sagen sein, wieweit in der Mehrzahl der Fälle die I. Hypotheken reichen und welchen Wertabschnitt die II. und weiteren Hypotheken einnehmen. Nach der oben angeführten Statistik der Stadt Berlin wird man zwar vielleicht sagen können, daß im Durchschnitt aller Fälle die I. Hypothek kaum erheblich über 60 pCt. des Wertes hinausgehen wird, so daß der Rest für die weiteren Hypotheken verbliebe; es muß dabei aber berücksichtigt werden, daß der rechnerische Durchschnitt nur ein verhältnismäßig roher Maßstab ist, der charakteristische Abweichungen nach oben oder unten völlig untergehen läßt. In großen Städten und namentlich in neu erschlossenen Gebieten mit starker Bautätigkeit wird die I. Hypothek vielfach über den Durchschnitt bedeutend hinausgehen und die II. und fernere Hypotheken werden darin folgen. Die Grundregel des städtischen Hypothekarkredits, daß die erststellige Beleihung bis 60 pCt. und die II. daran anschließend bis zu 75 pCt. des Wertes der Grundstücke gehen soll, wird zweifellos vielfach durchbrochen.

8. Ist etwa in den bestehenden Grundsätzen des Hypotheken- und Grundbuchrechts eine Ursache für die hohe Verschuldung des Grund und Bodens zu erblicken?

Die außergewöhnliche Entwicklung, welche der Grundkredit in den letzten 50 Jahren genommen hat, wäre ohne ein Hypotheken- und Grundbuchrecht, wie es vor 1900 landesrechtlich bestand und nach 1900 reichsrechtlich gilt, nicht denkbar, denn dieses Recht hat die Grundlage für die dem Hypothekenkredit unentbehrliche Sicherheit in materieller wie formeller Hinsicht gewährt.

Die Bedenken, welche sich gegen Grundsätze des bestehenden Grundbuchrechts richten, sollten deshalb mit doppelter Vorsicht und gründlich geprüft werden, ehe man sich entschließt, auf dem Wege einer Abänderung Abhilfe zu schaffen.

Es wird dem bestehenden Grundbuchrecht entgegengehalten,

1. daß es alle Vermögensstücke, welche dem Grundstück zu dienen bestimmt sind, als Bestandteil oder Zubehör in die Pfandrechte der Hypothek einbezieht (§§ 1120 ff. BGB.), hierdurch den Personalkredit einschränkt und den Realkredit ausdehnt,

2. daß bei dem Bau das Restkaufgeld für den Grund und Boden gegenüber den für den Bau selbst aufgewendeten Mitteln, also dem Baugeld, mit Vorrecht ausgestattet ist und damit tatsächlich die Sicherheit der Restkaufgelder durch die Aufwendung der Handwerker und Baumaterialienlieferanten, also auf Kosten ungeschützter Gewerbetreibender, wächst.

Zu 1. Es läßt sich nicht leugnen, daß Zubehörstücke und Bestandteile eines Grundstücks ebenso wie Früchte (Miet- und Pachtzinsen) dem Realkredit zugute kommen, diesen zu steigern in der Lage sind und somit für den Personalgläubiger nicht in Rechnung gezogen werden können. Da indessen der Realkredit im allgemeinen billiger zu sein pflegt als der Personalkredit, so kann hierin ein Nachteil des auf den Kredit angewiesenen Grundbesitzers nicht gefunden werden. Allerdings ist die Folge davon, daß der als Realkredit grundbuchmäßig gesicherte Kredit in erheblichem Umfang Personalkredit sein wird, der nur der Form halber und zur mehreren Sicherheit Eintragung in die Grundbücher genommen hat, aber durch den Wert des Objekts allein nicht mehr gesichert erscheint, sondern nur darin, daß das Objekt in der Hand des zeitigen Eigentümers ordnungsmäßig verwaltet und unterhalten wird.

Zu 2. Eine Trennung von Grundkredit und Baukredit und eine gesonderte Anweisung des einen auf Grund und Boden, des anderen auf das Bauwerk wird in der Praxis Schwierigkeiten mit sich bringen, ja fast undurchführbar sein. Jedenfalls würde unter einer solchen Teilung der Haftung der Grundkredit selbst auf das bedenklichste gefährdet werden. In Wirklichkeit läßt sich doch die Durchführung des Kredits in seinen letzten Konsequenzen gar nicht denken, wenn das Haus vom Grundstück getrennt werden soll, da ein Haus sich eben vom Grundstück nicht trennen läßt ohne ein ganz anderes wirtschaftliches Wertobjekt zu werden, ja in seinem größten Teile den Wert mit der Trennung überhaupt verliert.

Jede Maßregel, welche an den bewährten Grundlagen unseres Hypothekenrechts zu rühren bestimmt oder auch nur geeignet ist, würde wahrscheinlicherweise den Grundkredit gefährden und somit gerade das Gegenteil von dem erreichen, was der Grundbesitzer für erstrebenswert hält, nämlich eine Ausdehnung seines Kredits. Auch die für ländliche Verhältnisse versuchsweise eingeführte Verschuldungsgrenze kann als erfolgreich oder besonders wünschenswert nicht bezeichnet werden. Sie würde einmal mit Rücksicht auf die Wertschwankungen im städtischen Grundbesitz noch schwerer festzustellen sein als für ländlichen Besitz und würde voraussichtlich den Besitz noch mehr entwerten, wie dies bei den mit einer solchen Grenze belasteten landwirtschaftlichen Grundstücken bereits jetzt beobachtet wird.

9. Genügen die bestehenden Rechtsformen der Kreditorganisationen dem Bedürfnis ?

Diese Frage ist nicht zu beurteilen, ohne in eine Prüfung darüber einzutreten, welchen Anteil die Befriedigung des Grundkredits in unserer gesamten Volkswirtschaft gegenwärtig schon beansprucht. Es kann nicht genügen, zu berechnen, wieviel die Bevölkerungszunahme jährlich ausmacht, wie viele Wohnungen danach neu hergestellt werden müssen und wieviel Kapital dazu notwendig ist. Die Beschaffung des Kapitals ist schließlich auch von anderen Voraussetzungen abhängig als lediglich von der rechnerisch festgestellten Notwendigkeit.

Ueber die jährliche Zunahme unseres Volksvermögens fehlen ebenso statistische Feststellungen wie über die Höhe desselben. Treffen die letzten Schätzungen von Helfferich[24]) und Steinmann-Bucher[25]) zu, so nimmt das deutsche Volksvermögen jährlich um 10 bis 11 Milliarden zu, worin natürlich in erster Linie die Zunahme an Immobiliarvermögen und Feuerversicherungswerten enthalten ist, während die übrigen Wertkategorien einen geringeren Teil dieses Betrags ausmachen dürften.

Nach Helfferich[26]) entfielen von den an den Börsen eingeführten Werten in den letzten 12 Jahren auf:

Staatskredit	Millionen Mark	7 140
Kommunalkredit	,, ,,	3 812
Grundkredit.	,, ,,	5 809
zusammen . . .	Millionen Mark	16 761,

---

[24]) Helfferich, Deutschlands Volkswohlstand 1888 bis 1913. 1913. S. 121.

[25]) Steinmann-Bucher, Das reiche Deutschland. Ein Wehrbeitrag. 1914. S. 61.

[26]) Helfferich, Deutschlands Volkswohlstand 1888 bis 1913. 1913. S. 117.

d. h. jährlich etwa durchschnittlich

Staatskredit[27].	Millionen Mark	595
Kommunalkredit[27]. . . .	,, ,,	318
Grundkredit.	,, ,,	484
zusammen . . .	Millionen Mark	1 397.

Da neben diesen Kreditbedürfnissen auch Industrie und Handel sowie das Ausland an unserem Vermögenszuwachs naturgemäß und in gesunder Berücksichtigung unserer Stellung im Weltwirtschaftsleben als Geldsucher teilnehmen, und da die dem Grundkredit — und zwar im wesentlichen dem städtischen — allein seitens der Hypothekenbanken zugeführten Mittel sich in den letzten zehn bis zwölf Jahren jährlich durchschnittlich auf 400 bis 500 Millionen Mark belaufen haben, so wird man anerkennen müssen, daß der Grundkredit einen sehr ansehnlichen Posten des jährlichen Zuwachses am Nationalvermögen für sich in Anspruch nimmt. Wenn es gelingen würde, den Staats- und Kommunalkredit in etwas engere Grenzen zu bannen, würde natürlich der Grundkredit, der namentlich in den letzten Jahren den Durchschnitt etwas unterschritten hat, wieder mehr zu seinem Rechte kommen können. Ebenso ist erwünscht, daß auch unser Auslandskredit etwas weniger anspruchsvoll auftreten möchte. Andere Rechtsformen der Kreditorganisation würden in dessen Verhältnissen kaum eine wesentliche Aenderung herbeizuführen in der Lage sein.

Immerhin muß geprüft werden, welcher Art die neuerdings teils durch die Tat, teils in Plänen in die Erscheinung tretenden neuen Organisationen sein sollen und können.

---

[27]) Diese Zahlen stimmen mit den amtlichen Publikationen über die Zunahme der Staats- und Kommunalanleihen so ziemlich überein.

I. Für den erststelligen Hypothekenkredit kommen:

a) kommunale Anstalten in Frage, wie sie in Düsseldorf, Neukölln, Dresden, Magdeburg, Trier usw. zurzeit in Betätigung sind;

b) städtische Pfandbriefanstalten[28]) nach Art der Landschaften, verschiedentlich Stadtschaften genannt, wie sie in letzter Zeit unter finanzieller Beteiligung des Staates oder unter provinzieller Garantie mehrfach entstanden sind[29]) und wie eine solche neuerdings nach brandenburgischem Vorbild in Westfalen in der Gründung begriffen ist.

Die kommunalen Anstalten zu a müssen sich das diesem besonderen Zwecke dienende Geld durch eigene Stadt- oder Kommunalanleihen beschaffen oder — wie z. B. Neukölln — bei den, den Kommunalkredit pflegenden Hypothekenbanken decken. Selbstverständlich empfinden sie hierbei dieselben Schwierigkeiten wie sie sich zurzeit allen öffentlichen Körperschaften bei Befriedigung ihres langfristigen Kredits entgegenstellen. Gerade deshalb regen sich schon in den Verwaltungen selbst — wie letzthin in Düsseldorf — einige Besorgnisse. Jedenfalls können diese städtischen Institute einem unbegrenzten Bedürfnis auch nicht genügen, weil sie an derselben Schranke, die jeder Ausdehnung des Kredits nun einmal im Geldmarkt gezogen ist, ihre Grenze finden.

Die Pfandbriefanstalten oder Stadtschaften, wie z. B. das vor einiger Zeit ins Leben getretene Brandenburgische Pfandbriefamt für Hausgrundstücke, Körperschaft des öffentlichen Rechts, geben nicht, wie die Kommunalanstalten,

---

[28]) Das älteste Institut dieser Art ist das unter Aufsicht des Magistrats Berlin stehende Berliner Pfandbriefinstitut.

[29]) Deutsche Pfandbriefanstalt in Posen, Brandenburgisches Pfandbriefamt für Hausgrundstücke.

bares Geld an die Darlehnssucher, sondern Pfandbriefe, deren Versilberung auf Rechnung des Darlehnssuchers erfolgt. Hierüber sagt der Prospekt des Brandenburgischen Pfandbriefamts vom Februar 1914 folgendes:

„Zur Vermeidung von Irrtümern müssen wir darauf hinweisen, daß ein Verkauf der Pfandbriefe am Tage der Auszahlung des Darlehns nicht möglich ist. Da die Auszahlungen vorwiegend an den Quartalsterminen geschehen, würden die Pfandbriefe an diesen Tagen in solcher Menge an die Börse gelangen, daß sie nur zu den niedrigsten Kursen, wenn überhaupt, verkauft werden könnten, zumal in den letzten beiden Jahren bei den schlechten Marktverhältnissen eine Nachfrage direkt an der Börse nach guten Anlagepapieren kaum vorhanden war."

„Das Pfandbriefamt ist bemüht, die Pfandbriefe bei der jeweiligen Geldmarktlage zu angemessenen und annehmbaren Bedingungen unterzubringen. Hierzu steht es mit den Großbanken und mit Bankhäusern in der Provinz in Geschäftsbeziehung. Da der Absatz bei den einzelnen Banken je nach ihrem Geschäftsumfang und dem zeitigen Bedarf verschieden ist, kann der Verkauf der Pfandbriefe nicht für den einzelnen Darlehnsnehmer besonders, sondern immer nur für die Gesamtheit derselben stattfinden. Bei der Verteilung der verkauften Stücke auf das einzelne Darlehn wird aber genau die Reihenfolge eingehalten, in welcher die Auszahlung der Darlehen erfolgt ist. Der Darlehnsnehmer wird deshalb damit rechnen müssen, daß der Verkauf der auf ihn entfallenden Pfandbriefe in der Regel erst mehrere Wochen oder sogar Monate nach der Auszahlung des Darlehns vor sich gehen kann und zu einem Kurse, wie er sich jeweilig am günstigsten erreichen läßt. Der Uebernahmekurs seitens der Banken ist außerdem bekanntlich ein anderer als der Subskriptionskurs, der wieder häufig von dem amtlichen Börsenkurs abweichen wird; den Banken muß für den Vertrieb der Pfandbriefe selbstverständlich eine Vergütung oder bei Uebernahme die sogenannte Rückprämie gewährt werden."

Wie verhältnismäßig gering die praktische Inanspruchnahme dieser Organisationen für den städtischen Kredit ist, zeigt deutlich das Berliner Pfandbriefamt, das trotz 44 jährigen Bestehens nur einen Beleihungsbestand von 270 Millionen Mark hat. Gerade für Herstellung von neuen Wohnungsbauten erscheint diese Form der Kreditgewährung wenig geeignet, da zwischen dem Beginne des Baues und der Flüssigmachung des Kredits geraume Zeit liegt, innerhalb welcher der Kreditsuchende — also der Bauunternehmer — das Risiko des Pfandbriefkurses trägt, ein Risiko, das in dem Rahmen der genauen Rentabilitätsberechnung städtischer Bauunternehmungen schwer untergebracht werden kann. Jedenfalls ist in dieser Form der Kreditorganisation ein Heilmittel nicht gut zu finden, da mehr Geld in keinem Falle geschaffen wird. Selbst das Argument, welches zugunsten dieser Organisationen angeführt wird, daß nämlich dem Unternehmer j e d e n f a l l s Geld zur Verfügung stehe, weil er ja nur die Pfandbriefe zu verkaufen brauche, trifft, wie der soeben mitgeteilte Prospekt des Brandenburgischen Pfandbriefamts zeigt, nicht zu. Auch die Landschaften haben es in den letzten Jahren zeitweise für richtig gehalten, die Ausgabe weiterer Pfandbriefe einzuschränken, um den sonst unweigerlich verursachten erheblichen Kursdruck ihrer Pfandbriefe aufzuhalten. Auch die zugunsten dieser Organisationen angeführte Erwägung, daß der Schuldner seine Schulden nicht in bar, sondern in Pfandbriefen zurückzahlen könne, ist ohne wesentliche praktische Bedeutung, da ein rechnerischer Nutzen nur bei Tiefstand der Pfandbriefe in die Erscheinung tritt, dann aber auch das Geld knapp zu sein pflegt, so daß dem Schuldner die Neuanschaffung Opfer zumutet, die den rechnerischen Gewinn wieder aufzuheben geeignet sein werden.

II. Für den zweitstelligen Kredit könnten als neue Organisationen in Frage kommen:

a) privatwirtschaftliche, den bestehenden Hypothekenbanken nachgebildete Institute. Abgesehen davon, daß hierzu eine Aenderung des Hypothekenbankgesetzes erforderlich wäre, würde eine solche Einrichtung doch ernsten Bedenken begegnen. Das Risiko der zweiten Hypothek ist nun einmal wesentlich größer als das der ersten. Demgemäß müßte bei solchen Instituten nicht nur der Zinsfuß für die Pfandbriefe, sondern auch die Risikoprämie und die Amortisation wesentlich höher sein als für eine erststellige Beleihung, und damit würde die Nützlichkeit der Einrichtung für den Hausbesitzer selbst dann in Frage gestellt, wenn es gelingen sollte, Privatkapital für eine solche Einrichtung zu interessieren.

b) Es könnten anderseits gemeinwirtschaftliche Institutionen in Frage kommen, und zwar:

1. Im Anschluß an bestehende Organisationen, z. B. an solche wie das Berliner Pfandbriefamt, oder ähnlich wie die Ostpreußische Landschaft durch die Erhöhung der Beleihungsgrenze eine Entschuldungshilfsaktion eingerichtet hat. Das Berliner Pfandbriefamt hält aber in seinem Jahresberichte vom 28. Juni 1913 eine derartige Verbindung für bedenklich. Es schreibt (S. 14 bis 15):

„Für den Berliner und auch für den Grundbesitz anderer Städte wird es — wie leider nicht zu bestreiten ist — von Jahr zu Jahr schwerer, sich II. Hypotheken zu verschaffen. Da nur eine verhältnismäßig kleine Anzahl Berliner Grundbesitzer in der Lage ist, sich mit der I. Hypothek zu begnügen, sind an das Pfandbriefamt verschiedene Projekte herangetreten, um dasselbe auch für die II. Hypothek nutzbar zu machen. Man übersieht aber dabei, daß zwischen der I. und der II. Hypothek ein wesentlicher Unterschied ist. Die I. Hypothek ist reiner Grundkredit, die II. ist Grundkredit vermischt mit Personalkredit. Die einfache schematische Uebertragung der Organisation für die I. Hypotheken auf die II., lediglich mit erhöhten Zinsen und ähnlichen Erschwerungen, ist darum wenig aussichtsvoll.

Es ist öffentlich die Behauptung aufgestellt worden, das Berliner Pfandbriefinstitut mit seinen mündelsicheren Pfandbriefen sei so gut eingeführt, daß, wenn von ihm eine andere Art — nicht mündelsicherer — Pfandbriefe emittiert würde, auch diese einen guten Markt finden würde. Dies ist eine sehr gefährliche Behauptung! Die Börse und das Anlage suchende Kapital sind sehr empfindlich. Wenn das Pfandbriefinstitut minder sichere Papiere ausgeben würde, so ist — im Gegensatze zu der obigen Ansicht — die Wahrscheinlichkeit viel größer, daß dadurch auch die erstklassigen Pfandbriefe ihre Beliebtheit und ihren guten Kurs verlieren können. Dies wäre aber für den Berliner Grundbesitz ein sehr herber Schlag. Das Problem der Organisation des Kredits für zweite Hypotheken ist ein äußerst schwieriges und die Aussicht, es durch das Berliner Pfandbriefinstitut zu lösen, gering. Natürlich ist nicht ausgeschlossen, daß in irgendeiner Weise eine Erleichterung für die

Placierung zweiter Hypotheken hinter den Berliner Pfandbriefen getroffen werde, sei es durch private Vereinigung der Grundbesitzer, sei es durch Eingreifen öffentlicher Autoritäten."

Daß diese Erwägung das Richtige trifft, zeigt die Entwicklung, welche die Kurse der ostpreußischen Landschaft seit Inangriffnahme der in ähnlicher Richtung sich bewegenden Entschuldungshilfsaktion — also etwa seit dem Jahre 1907 — im Verhältnis zu den Pfandbriefen anderer Landschaften genommen haben. (Die erläuternde Tabelle siehe Seite 60.)

2. Die Gründung besonderer Institute mit kommunaler Unterstützung. Tatsächlich sind derartige Einrichtungen in vielen Städten ins Leben gerufen. Sie beschränken sich aber im wesentlichen auf die Unterstützung des Kleinwohnungsbaues. Von den 30 Städten, die nach den Mitteilungen des Statistischen Amts der Stadt München, Band XXIV, Heft 3, 1913, Einrichtungen dieser Art besitzen, stellen 17 den Kredit nur für diesen Zweck zur Verfügung. Daß es sich um eine wirkliche Ausnahmehilfsaktion handeln soll, zeigen auch die in engen Grenzen bereitgestellten Mittel, welche für eine weitere Teilnahme am Grundkredit viel zu gering sein würden. Die Ueberleitung des zweitstelligen Grundkredits in städtische Hände erregt selbst bei den Kommunalverwaltungen Bedenken. Das erhebliche Risiko, die damit leicht beginnende Kommunalisierung des städtischen Grundeigentums und nicht zuletzt die damit verbundene Anspannung des städtischen Kredits müssen solche Bedenken begründen.

Bezeichnung des Wertpapiers	Jahresdurchschnitt der Kurse							Spannung zwischen dem Jahresdurchschnitt der Kurse von 1907 und 1913
	1907	1908	1909	1910	1911	1912	1913	
4 prozentige Ostpr. Landsch.	103,08	100,18	101,11	100,73	100,41	98,74	94,08	9,00
4 „ Pomm. „ [30]	—	—	—	—	—	—	94,34	—
4 „ Schles. „	99,88	99,32	100,80	100,46	100,30	99,33	95,62	4,26
$3\frac{1}{2}$ „ Ostpr. „	92,91	90,62	92,82	91,26	90,73	88,99	84,63	8,28
$3\frac{1}{2}$ „ Pomm. „	93,38	91,42	93,79	91,36	90,85	88,90	85,48	7,90
$3\frac{1}{2}$ „ Schles. „	94,35	92,80	95,08	93,29	92,62	90,70	87,50	6,85
3 „ Ostpr. „	82,95	80,96	83,28	81,40	80,86	78,78	75,54	7,41
3 „ Pomm. „	83,39	82,19	84,72	81,83	80,66	78,77	76,04	7,35
3 „ Schles. „	84,50	83,95	85,64	84,26	83,48	82,14	79,18	5,32

[30]) Die Pommersche Landschaft brachte erst seit Juni 1912 4 prozentige Pfandbriefe in den Verkehr.

Anlage 1 zu B 6 [31].

Zunahme der Pfandbriefe bzw. Hypothekar-Darlehen bei den deutschen Hypothekenbanken, preußischen Sparkassen, privaten Versicherungsgesellschaften und preußischen Landschaften.

Jahr	Zunahme d. Emissions-Papiere der deutschen Hypotheken-banken[32]) Millionen Mark	Zunahme der Hypo-thekar-Dar-lehen d. preu-ßischen Spar-kassen[33]) Millionen Mark	Zunahme d. Hypothekar-Darlehen d. privaten Ver-sicherungs-Gesellsch.[34]) Millionen Mark	Zunahme der Pfand-briefe der preußischen Land-schaften[35]) Millionen Mark
1890	221	151	—	48
1891	276	133	—	28
1892	361	113	—	26
1893	277	116	—	27
1894	483	129	—	34
1895	392	130	—	55
1896	345	201	—	84
1897	425	218	—	70
1898	304	241	—	42
1899	376	214	—	24
1900	157	139	—	20
1901	179	278	—	43
1902	325	299	—	74

31) Siehe auch Anlage 2 zu B 6 am Schlusse dieses Buches.

32) Ausweislich der Jahresberichte, bis 1893 auf Grund der Hechtschen Statistik.

33) Nach der amtlichen preußischen Sparkassenstatistik.

34) Nach den Angaben des Kaiserlichen Aufsichtsamts für Privatversicherung in der Schrift: Die Entwicklung des privaten Versicherungswesens unter Reichsaufsicht in dem Jahrfünft 1907—1911. Berlin 1913. S. 58/59.

35) Nach den Verwaltungsberichten.

Jahr	Zunahme d Emissions-Papiere der deutschen Hypotheken-banken[32])	Zunahme der Hypothekar-Darlehen d. preußischen Sparkassen[33])	Zunahme d. Hypothekar-Darlehen d. privaten Versicherungs-Gesellsch.[34])	Zunahme der Pfandbriefe der preußischen Landschaften[35])
	Millionen Mark	**Millionen Mark**	**Millionen Mark**	**Millionen Mark**
1903	475	318	242	82
1904	461	358	238	52
1905	511	359	221	55
1906	360	353	237	43
1907	284	288	198	41
1908	542	249	189	37
1909	574	410	223	36
1910	527	490	277	74
1911	517	530	283	80
1912	206	489	—	78

[32]) [33]) [34]) [35]) siehe Seite 61.

Die Tilgungshypothek und der städtische Hausbesitz.

Der städtische Hausbesitzer klagt seit Jahren in immer gesteigertem Maße über Mangel an Kredit, ohne sich so recht klar zu machen, ob und in welchem Umfange ihn selbst die Schuld an diesen beklagten Zuständen trifft. Der Mangel an neuem Baukredit, wenn ein solcher besteht, kann eigentlich den städtischen Hausbesitzer nicht sehr beunruhigen, denn an dem Baugewerbe hat er als solcher wenig oder kein Interesse, im Gegenteil: wird nicht gebaut, so steigen die Mieten, und der Hausbesitzer hat den Nutzen. Da das Wohnhaus nicht nur mit eigenen Mitteln gebaut zu werden pflegt, mag es in großer, mittlerer oder kleiner Stadt erstehen, so wird sich das Interesse der Hausbesitzer auf die Befriedigung des bereits bestehenden, infolge Kündigung fortlaufend erneuerungsbedürftigen Hypothekenkredites beschränken, der sich nach der Sicherheit, die er bieten kann, in erststelligen und zweitstelligen scheidet. Daß die Versorgung des zweitstelligen Kredits Mängel aufweist, die sich im letzten Jahrzehnt immer mehr gesteigert haben, wird kaum bestritten werden können. Diese Frage soll hier aber nicht ausführlich besprochen, sondern nur nebenbei gestreift werden.

Die Befriedigung des Hypothekenkredits erfolgt in der Form des Darlehns, zu dessen Wesen die Rückzahlung gehört. Diese erfolgt entweder durch ratenweise, mit den Zinsen zu leistende, sich stets gleichbleibende Zahlungen, Tilgungshypothek, oder durch Zahlungen zu einem bestimmten Termine, der durch besondere Kündigung von einer der beiden Seiten bestimmt wird, aber auch im voraus festgesetzt sein kann, sogenannte kündbare Hypothek. Die Frist, für welche bei der kündbaren Hypothek die Rückforderung ausgeschlossen ist, pflegt bei ersten Hypotheken 10 Jahre zu betragen. Sie bindet und berechtigt beide Teile in gleicher Weise.

Prüft man diese beiden Verschuldungsarten, wie sie sich für die erste Hypothek herausgebildet haben, so erscheint die Tilgungshypothek als die für den Hausbesitzer bessere und gesundere Belastung.

Der Eigentümer zahlt bei der Tilgungshypothek mit den Zinsen zugleich einen prozentualen Tilgungsbeitrag, der nicht unter ½ pCt. festgesetzt zu werden pflegt. Die Hypothek ist seitens des Gläubigers — einige besondere Fälle ausgenommen — unkündbar. Für den Schuldner ist diese Hypothek meist, wie jede andere Hypothek, nur 10 Jahre — bei Hypothekenbanken nach dem Gesetz jedenfalls nie länger — unkündbar, nach Ablauf dieser Zeit kann Schuldner jederzeit kündigen, er wird nicht wieder für eine feste Reihe von Jahren daran gehindert. Die Unkündbarkeit ist nach § 19 Hyp. B. G. bei Hypothekenbanken eine wesentliche Eigenschaft der Tilgungshypothek. War früher — vor dem Erlaß dieses Gesetzes — die Kündigung auch dem Gläubiger zugestanden, so handelte es sich nur der Form, nicht aber dem Wesen nach um eine Tilgungshypothek.

Prüfen wir nun, welches die Vorzüge und die Nachteile dieser Verschuldungsart sind.

Sehen wir von dem Bau eines aus eigenen Mitteln hergestellten Eigenhauses ab, weil diese Art der Herstellung die seltenste ist, so wird jedes städtische Privatgrundstück, zum weitaus größten Teil mit fremden Mitteln, d. h. mit

Inanspruchnahme von Kredit, hergestellt. Auf erste und zweite Hypotheken geliehene Gelder bilden im gesunden Normalfalle mit dem Eigenkapital des Bauenden die Mitte zum Bau, sei der gewerbliche Bauunternehmer oder der sichl selbst ein Haus herstellende Gewerbetreibende oder, was selten der Fall ist, der Privatkapitalist, zum Zwecke der Kapitalsanlage, der Erbauer des Hauses. Bei dem gewerbsmäßigen Bau des Miethauses bildet das Restkaufgeld des Baustellenverkäufers oft die drittstellige Belastung. Die erste Hypothek soll im allgemeinen $^{6}/_{10}$ des Wertes des Grundstückes nicht übersteigen, wird also, da sie am billigsten ist, jedenfalls bis an diese Grenze in Anspruch genommen werden. Ihr fällt also der größte Anteil am Baukapital zu. Dieser Anteil wird im Verhältnis zu den Selbstkosten noch über diese Grenze hinausgehen, wenn bei der Abschätzung des Grundstückswertes der Unternehmernutzen den Selbstkosten — was in mäßigen Grenzen zulässig sein dürfte — hinzugerechnet wird. Man sagt selbst vom Standpunkte des gewissenhaftesten Hypothekenbank-Direktors nicht zuviel, wenn man annimmt, daß die erste Hypothek in der Regel bis an 65 oder 66 pCt. der *tatsächlich aufgewendeten Selbstkosten* herangeht. Damit ist aber eigentlich schon der Kernpunkt unserer Erörterung angeschnitten, nämlich die Frage: darf eine Kapitalbeteiligung, die fast $^{2}/_{3}$ des vollen Herstellungswertes eines Hausgrundstückes ausmacht, hinsichtlich ihrer Inanspruchnahme des Hausertrages auf eine periodisch sich ändernde Grundlage gestellt werden?

Der Ertrag eines Hauses ist der Anreiz für die Herstellung, und je sorgfältiger das Unternehmen finanziell aufgebaut sein soll, um so wesentlicher ist es, den Zinsertrag der Hypotheken *richtig* als Last in die Berechnung einzustellen. Ein normales Rentenhaus, d. h. gewerbsmäßig hergestelltes Mietzinshaus mit etwa 400 000 M. Gesamtherstellungskosten hat unbedingt eine I. Hypothek von 240—270 000 M. nötig, wenn sie nicht aus optimistischer Ueberschätzung des Wertes gar noch höher hinaufreicht. Da ist es doch für die dem Hersteller oder seinem Nachfolger im Besitze aufzumachende Rechnung sehr wesentlich, ob diese Hypothek mit 4, 4½ oder 4¾ pCt. verzinslich ist. Für das ganze Rentabilitätsexempel ist diese Zahl eigentlich die grundlegende, denn sie ist die größeste Last. Und weil sie das ist, muß sie festliegen, sie darf sich nicht von 10 zu 10 Jahren je nach der Lage des Geldmarktes ändern, wenigstens nicht zu Ungunsten des Eigentümers. Die Rente des Hauses hat im Sinken der Mietpreise, in den Zinsen der späteren Eintragungen, den öffentlichen Lasten, Reparaturkosten und Ansprüchen der Mieter ohnehin noch genug veränderliche Posten.

Die Unveränderlichkeit des Hauptzinses ist nur mit der Tilgungshypothek zu erreichen. Natürlich nicht ohne Opfer. Der Eigentümer muß jährlich zur Abzahlung der Schuld ½ pCt. zurücklegen, einen Betrag, den er nicht verliert, der ihm mit demselben Zinsfuß, mit dem er selbst die Hypothek verzinst, wieder verzinst wird, und mit dem er langsam seine Hypothek abbürdet. Selbstverständlich muß er dies ½ pCt. haben, d. h. aus den Erträgen des Hauses abstoßen können. Das ist aber sehr wohl möglich, denn nichts hindert ihn, von Anfang an diese Last als solche in seine Berechnung einzustellen, zumal es am Ende keine Last mit Verlust, sondern die Zahlung in eine Sparkasse mit großer Risikoabnahme ist. Stellt man doch die Prämie für Feuerversicherung, Wasserschäden, für Unfallversicherung und wie die den Hausbesitz belastenden Versicherungen alle heißen, auch in die Ausgabenseite ein. Man gewöhne sich, dahin auch die Tilgung einzustellen, der verzehrbare

Ertrag wird dadurch gemindert, nun gut, er mag geringer werden, dafür wird er aber auch viel sicherer. Ist nach Ablauf der ersten 10 jährigen Periode der Zinsfuß gestiegen, so berührt das den Schuldner einer Tilgungshypothek gar nicht, seine Berechnung stimmt auch dann, wenigstens in diesem Posten, seine Hypothek läuft weiter und er verliert nichts. Ganz anders beim Schuldner einer kündbaren Hypothek. Er muß diese nach Ablauf der vereinbarten Frist von neuem ordnen, denn er hat ja bei Abschluß selbst nur auf 10 Jahre vorgesorgt. Jetzt muß er sich dem Geldmarkt unterwerfen, gleichviel, wie er aussieht.

Wir befinden uns seit Ende des vorigen Jahrhunderts, also fast seit 20 Jahren, in einer Periode aufsteigenden Zinsfußes. Sie alle, die kündbare I. Hypotheken haben, seufzen darunter. Wer 1895/96 mit 3¾ pCt. und ½ pCt. Abtrag Tilgungsgelder nahm, zahlt heute noch 4¼ pCt. einschließlich Tilgung, also weniger wie er als reinen Zinsfuß längst zahlen müßte, wenn er eine kündbare Hypothek besäße. Und alle Sorgen der Geldbeschaffung, alle Unkosten, die damit verbunden sind, hat es für ihn in der Zwischenzeit nicht gegeben. Nun ist ja nicht jeder so glücklich gewesen, gerade in der Zeit des niedrigen Zinsfußes von 1895/96 zu bauen, aber auch wer 1900 und 1905 mit 4 und 4¼ pCt. seine I. Hypothek abschloß, erfreut sich heute seines ruhigen Besitzes, wenn er sich damals zur Tilgung entschloß. Billiger kann ich mir füglich ein Risiko nicht abbürden, als wenn ich in meine eigene Tasche eine Rücklage mache, die vielleicht nur den einen Nachteil hat, daß ich nicht jederzeit herangehen und sie verzehren kann.

Die Klagen der Hausbesitzer, die seit Jahren immer dringender werden und sich jetzt zur Kriegszeit immer lauter vernehmen lassen, wären — wenigstens was die erste Hypothek anlangt — von Grund auf behoben gewesen, wenn alle Hausbesitzer an dieser Stelle Tilgungshypotheken gehabt hätten. Die kündbare Hypothek drückt auf den Markt, erhöht die Nachfrage und treibt damit den Zins natürlich in die Höhe. Der Kapitalzuwachs der Hypothekenbanken, der Versicherungs-Gesellschaften, der Sparkassen hätte sich fast unbeschränkt dem Baugewerbe zuwenden können, wäre nicht immer auf ihn auch noch seitens der Schuldner gekündigter Hypotheken zurückgegriffen worden. Im Gegenteil hätte die Tilgungshypothek mit dem Rückfluß der einmal in die Berechnung des Hauseigentümers eingestellten Tilgungsrate eine fortdauernd und gleichmäßig steigende Geldquelle geschaffen, aus der ein Pfandbriefinstitut Neubeleihungen vornehmen kann, soweit die Mittel nicht zur Rückzahlung ausgeloster Pfandbriefe zu verwenden sind.

Sinkt der Zinsfuß, so ist der Schuldner einer Tilgungshypothek dem Schuldner einer kündbaren gegenüber nicht schlechter gestellt, im Gegenteil, auch dann ist seine Lage erheblich besser. Denn bei fallendem Zinsfuß kann der Tilgungshypothekenschuldner sich nach Ablauf der ersten festen Periode den Zeitpunkt aussuchen, in welchem er seine Hypothekenverhältnisse — falls dies aus besonderen Gründen erwünscht ist — ordnen will, er ist nicht genötigt, gerade einen bestimmten, ihm nicht genehmen Zeitpunkt — den des Ablaufs von 10 Jahren — zu wählen, er kann in jedem Jahre wechseln. Wie selbstverständlich es ist, daß auch ihm der fallende Zinsfuß zugute kommt, zeigte die Konversion der Preußischen Central-Bodenkredit-Aktiengesellschaft vom Jahre 1894. Damals wurden, dem Beispiele des Staates folgend, 100 Millionen 4 prozentige Pfandbriefe mit Zustimmung der Pfandbriefbesitzer auf $3\frac{1}{2}$ pCt. herabgesetzt und in gleichem Maße den Schuldnern der Gesellschaft die Teilnahme an dieser Zinsermäßigung eingeräumt, so daß noch heute ein großer Teil der damals teilnehmenden Schuldner sich des niedrigen Zinssatzes von 3¾ pCt. erfreut.

Nehmen wir das zahlenmäßige Beispiel wieder auf: ein Berliner Wohnhaus im Werte von etwa 400 000 M. ist mit einer I. Hypothek von etwa 270 000 M., zu 4 pCt. verzinslich, und mit einer II. Hypothek von 50 000 M. belastet, während der Rest Eigentümerkapital, III. Belastung oder Restkaufgeld ist. Die I. Hypothek wurde 1913 kündbar. Der Geldmarkt erheischte schon damals eine Erhöhung der Zinsen auf 4½ pCt., d. h. die Zinslast wuchs mit einem Strich für 10 Jahre um jährlich 1350 M. So scharf greift keiner der sonst noch vorhandenen schwankenden Posten der Rentabilitätsberechnung in die Tasche des Hausbesitzers. Der Eigentümer verlor in diesem Augenblick kapitalisiert 27 000 M., ungerechnet die einmalige Provision. Ob er sie je wiedersieht, wer weiß es, das hängt von vielen außerhalb seiner Berechnung liegenden Umständen ab. Muß er im Laufe der nächsten 10 Jahre verkaufen, so ist er sie sicher los. Und hat er nicht gerade nach Ablauf der neuen zehnjährigen Periode das Glück, in eine Kurve niedrigen Zinsfußes zu kommen, so unterliegt er dem hohen Zinsfuß für weitere 10 Jahre, ungeachtet der erneut fällig werdenden einmaligen Zahlung, mag sie nun Provision, Entschädigung oder sonst wie genannt werden.

Die Unveränderlichkeit des Zinsfußes der I. Hypothek wirkt natürlich auch auf die II. Hypothek vorteilhaft ein. Von Rechts wegen sollte der II. Gläubiger bei der Prüfung seiner Sicherheit stets 5 pCt. für die I. Hypothek in Rechnung stellen, da ohne seine Zustimmung die erste Hypothek auf diesen Zinsfuß erhöht werden kann (§ 1119 BGB.). Wirtschaftlich wird aber niemand so weit gehen, braucht es auch nicht, da man im allgemeinen nicht mit den äußersten

Grenzen zu rechnen pflegt. Anderseits ist es für die II. Hypothek von großer Bedeutung, ob die I. Stelle 4 oder $4\frac{1}{2}$ pCt. Zinsen bedingt.

Nimmt man wiederum das oben geschilderte Beispiel einer I. Hypothek von 270 000 M., deren Zinsfuß nach Ablauf der 10 jährigen Lauffrist von 4 pCt. auf $4\frac{1}{2}$ pCt. erhöht wird, so ergibt sich für den Inhaber der II. Hypothek durch diese Zinserhöhung eine Verschlechterung seiner Sicherheit um 27 000 M., was bei einer Tilgungshypothek nicht möglich gewesen wäre.

Daneben bietet die Tilgungshypothek dem II. Hypothekengläubiger noch eine weitere Sicherheit. Wird die erste Hypothek von Jahr zu Jahr niedriger, so kann die II. Hypothek fortschreitend nachrücken. Dies tritt zwar nicht von selbst ein, da unser Grundbuchrecht nach § 1163 BGB. die durch Tilgung zurückgezahlten Teile der I. Hypothek in eine Eigentümer-Grundschuld verwandelt. Der Eigentümer kann sich aber verpflichten, über die zur Eigentümer-Grundschuld werdenden Teile nur durch Löschung zu verfügen und dieser Verpflichtung nach § 1179 BGB. zugunsten seines zweiten Gläubigers dingliche Wirkung verschaffen. Der erste Hypothekengläubiger muß hierzu seinen Hypothekenbrief dem Grundbuchamt einreichen. Da der Gläubiger in seinen Rechten hierdurch aber in keiner Weise berührt wird, liegt kein Grund vor, die Herausgabe des Hypothekenbriefes zu diesem Zwecke zu verweigern, zumal ja jeder erststellige Gläubiger an einer guten zweiten Hypothek, die hinter ihm Wache steht, lebhaftes Interesse hat.

Für die Tilgungshypothek der landschaftlich organisierten Kreditinstitute ist das Verfahren nicht ganz so einfach, weil diese mit den Tilgungsraten sogenannte Tilgungsfonds bilden, die in Pfandbriefen angelegt werden. Natürlich läßt sich indirekt auch hier für die II. Hypothek eine ähnliche Sicherung schaffen. So hat das Brandenburgische Pfandbriefamt für Hausgrundstücke im § 15 folgendes bestimmt:

1. Auf Antrag eines nach dem Pfandbriefamte eingetragenen Gläubigers, welcher unter Zahlung von ½ pCt. seiner Hypothek sich verpflichtet, für den säumigen Schuldner die rückständigen Zinsen und Versicherungsbeiträge nebst Kosten zu zahlen, kann der Vorstand zu den Akten für das Grundstück einen entsprechenden Vermerk eintragen lassen. Lehnt der Vorstand die Eintragung eines solchen Vermerks ab, so steht dem Antragsteller die Berufung an den Verwaltungsrat frei, bei dessen Entscheidung es bewendet.
2. Auf Grund des Vermerks erhält der Gläubiger im Falle der Säumnis des Schuldners Nachricht mit der Aufforderung, innerhalb zwei Wochen nach dem Behändigungstage die rückständigen Zinsen und Versicherungsbeiträge samt den Kosten gegen Abtretung zu zahlen und weiterhin die Zinsen und Beiträge an den Fälligkeitstagen zu entrichten. Solange der Gläubiger die Zahlungen pünktlich leistet, bleibt ihm das Recht vorbehalten, bei einer Uebernahme des Grundstücks durch freihändigen Ankauf oder im Wege der Zwangsversteigerung das Pfandbriefdarlehn mit allen satzungsmäßigen Rechten und Pflichten nach § 5 zu übernehmen.
3. Für einen solchen nacheingetragenen Hypothekengläubiger ist ferner auf Antrag des Schuldners zu den Akten zu vermerken, daß der Schuldner sich verpflichtet, nicht ohne Genehmigung des nacheingetragenen Gläubigers über sein Guthaben an

der Sicherheits- oder Tilgungsmasse zu verfügen und ferner die Hypothek löschen zu lassen, wenn sie sich mit dem Eigentum in einer Person vereinigt. Zur Sicherung dieser letzten Verpflichtung ist eine Vormerkung im Grundbuche einzutragen.

Der Unterschied zwischen diesem Wege und dem oben bei den Tilgungshypotheken der Hypothekenbanken geschilderten, direkt dinglich wirkenden Wege springt in die Augen:

1. Es bedarf eines besonderen Abkommens nicht nur zwischen Eigentümer und II. Hypotheken-Gläubiger, sondern auch zwischen II. Hypotheken-Gläubiger und Pfandbriefinstitut (I. Hypotheken-Gläubiger).
2. Dieses Abkommen kann geschlossen werden, eine Verpflichtung dazu besteht für den Gläubiger der I. Hypothek nicht.
3. Das Abkommen kostet dem II. Hypothekengläubiger ½ pCt.
4. Das Abkommen verpflichtet den II. Hypothekengläubiger zur Zahlung der Zinsen nach Abruf, falls der Eigentümer im Rückstande bleibt.

Notwendig sind diese Erschwernisse bis auf das erste, sich aus der rechtlichen Natur der Pfandbriefdarlehen ergebende nicht. Ein weiterer Ausbau kann im Interesse des Grundkredits gut ein oder das andere, vielleicht auch alle fallen lassen, ohne die Interessen der Pfandbrief-Institute zu berühren.

Allerdings erwirbt nach der Vorschrift des Brandenburgischen Pfandbriefamtes der II. Hypothekengläubiger mit seiner Zahlung noch eine sehr weitgehende weitere Sicherheit. Er, allerdings nur er, nicht jeder von ihm dazu bestimmte Dritte, bleibt im unveränderten Besitz der I. Hypothek, falls er in einer notwendigen Zwangsvollstreckung das Grundstück erstehen muß. Und damit komme ich auf eine weitere wesentliche Bedeutung der Tilgungshypothek für den II. Hypothekengläubiger.

Das Interesse für II. Hypotheken ist bei den Privatkapitalisten im letzten Jahrzehnt deshalb so gesunken, weil die zweitstellige Forderung im Ernstfalle nur durch Aufwendung großer barer Geldmittel zu schützen ist, mag sie auch sonst so sicher sein wie möglich. Die Zwangsversteigerung kostet, wie ja bekannt und schon oft genug erörtert ist[1]), an Gerichtskosten, Steuern, Stempel und Zinsrückständen viele Opfer, die alle bar bezahlt werden müssen. Kommt nun noch die Beschaffung der I. Hypothek hinzu, so erhöhen sich die zum Erwerb des Grundstückes notwendigen Mittel in einem Verhältnisse, welches meist die Kräfte des einzelnen Kapitalisten übersteigt. Allerdings muß die I. Hypothek nicht in allen Fällen neu beschafft werden. Wenn sie aber eine kündbare Hypothek ist, so wird wohl meist eine Neuregelung die Folge sein, da der Ersteher die vielleicht nur noch kurze Zeit, meist nicht mehr volle 10 Jahre, laufende Hypothek nur dann wird übernehmen wollen, wenn er sie wieder mit 10jähriger Ruhe in seine Berechnung einstellen kann. Daß dann die Bedingungen der I. Hypothek den zeitlichen Geldmarktverhältnissen angepaßt werden, ist schließlich ein gutes Recht der Gläubiger. Eine derartige Veränderung kann aber den Wert der II. Stelle stark in Mitleidenschaft ziehen.

Ganz anders bei der Tilgungshypothek. Zwar ist auch hier dem Gläubiger meist das Recht eingeräumt, im Falle der Zwangsversteigerung das Kapital zu kündigen, so daß Kündigung und Zinserhöhung eintreten kann, notwendig ist dies jedoch für die Tilgungshypothek nicht, da ja der

---

[1]) Immerwahr im Grundstücksarchiv, Jahrgang VI. 1911. Seite 34.

Gläubiger sein Kapital bei ungestörtem Fortschreiten der Tilgung wiedersieht, mag nun der Eigentümer A oder der spätere Eigentümer B der Zahlende sein. Es steht dem also nichts im Wege, daß ganz allgemein die erststellige Tilgungshypothek — sei es durch Statut, sei es durch besondere Abkommen — dem zweiten Hypothekengläubiger gegenüber auf jede Veränderung der Zinsbedingungen verzichtet. Fehlt es auch bei der Tilgungshypothek zurzeit noch meist an derartig zwingenden Vorschriften, so kann an ihrer Durchführbarkeit kaum gezweifelt werden, wenn es im Interesse des zweitstelligen Realkredites für wünschenswert gehalten wird. Die städtischen Hypothekenämter, welche sich des zweitstelligen Hypothekenkredits annehmen, beanspruchen schon jetzt vielfach vom Inhaber der erststelligen Tilgungshypothek entsprechende Zusagen, die, soweit Hypothekenbanken in Betracht kommen, meines Erachtens wohl anstandslos gegeben werden dürften.

Selbstverständlich ist mit dieser wirtschaftlichen und rechtlichen Darlegung die Tilgungshypothek nicht erschöpft. Die Einrichtung wäre zu schön, hätte sie gar keine Angriffsflächen. Es soll deshalb auf diese ebenfalls eingegangen werden, um so mehr, als die Gegner dieser Verschuldungsform gegen sie mit mehr oder weniger sachlicher Begründung kämpfen.

Wir möchten die Einwendungen, die gegen die Tilgungshypothek geltend gemacht werden, in 2 Gruppen teilen, in solche, die vom Standpunkte des Schuldners und solche, die von dem des Gläubigers erhoben werden.

Zu den Gegnern, welche der Tilgungshypothek vom Schuldnerstandpunkt erwachsen, gehören in erster Linie die Terrain-Interessenten und Baustellenverkäufer. Sie haben ein Interesse an einem starken Umsatz von erbauten Häusern, also an der Heranschaffung von Kleinkapitalisten, die Hausbesitzer sein wollen. Den Anreiz, sich ein Miet- oder Rentenhaus zu kaufen, bildet die höhere Verzinsung des Eigenkapitals, und je kleiner dieses, um so größer die Verzinsung bei der sogenannten Ueberschußberechnung. Je höher aber die Verzinsung, um so größer der Anreiz und die Zahl der Kaufreflektanten. Es ist menschlich, daß der Kleinkapitalist nach möglichst hoher Rente strebt, die zu erwerben er die Mühen einer Hausverwaltung mit in den Kauf nimmt. Schmälert die Tilgungsrate diese Rente, so sinkt der Anreiz und die Zahl der Kaufliebhaber nimmt ab. Das scheint so selbstverständlich, daß sich dagegen eigentlich wenig sagen ließe.

Soviel ich weiß, hat man bislang vermieden, diese Erwägung öffentlich zur Erörterung zu stellen. Um so energischer lehnt der Baustellenverkäufer in der Praxis die Tilgungshypothek ab.

Dagegen haben neuerdings ein Fachmann aus Hypothekenbankkreisen[2]), sodann Herr Dr. Bendixen[3]) und endlich Herr Gerichtsassessor Dr. Heim in der den Terraininteressenten nicht fernstehenden Zeitschrift „Um Grund und Boden"[4]) das Wort gegen die Tilgungshypothek ergriffen. Den Anlaß hierzu gaben die Bayerische Hypotheken- und Wechselbank und die Preußische Central-Bodenkredit-Aktiengesellschaft, die jede für sich aus eigener Anregung in ihren Jahresberichten für 1913 zugunsten dieser Verschuldungsart erneut eine Lanze brachen. Die Gründe, mit welchen diese Gegner der Tilgungshypothek zu Leibe gehen, sind nicht neu und haben zum Teil ein Körnchen Wahrheit in sich. Trotzdem kann ich sie nicht teilen.

---

[2]) Berliner Tageblatt vom 21. Februar 1914. Nr. 94 Morgen-Ausgabe. 6. Beiblatt.

[3]) Bank-Archiv vom 1. April 1914, S. 213 ff.

[4]) 2. Jahrgang, Heft 2, Seite 119.

Bendixen und Heim gehen beide davon aus, daß der städtische Grundbesitz der intensiven Kapitalbeteiligung nicht entbehren kann, daß eine Entschuldung bei ihm — im Gegensatz zum ländlichen Besitz — ein Unding ist, daß sie — wie Bendixen sagt:

> „zu einer Anhäufung der ungeheuren Grundstückswerte in der Hand des der Gesamtheit der Besitzenden gegenüber doch nur verhältnismäßig kleinen Kreises der Grundbesitzer mit allen bedenklichen Konsequenzen, die deren auf diese Weise enorm gesteigertes materielles Uebergewicht für die Wohnungsverhältnisse und andere soziale Gebiete nach sich ziehen müßte, und ferner zu der Depossedierung der kleineren Kapitalisten, die ihren Besitz in minder guten Anlagen aufs Spiel zu setzen versucht sein würden“

führen würde. Die Tilgungshypothek setze langen Besitz voraus, den wolle nun einmal heute kein Mensch mehr, am wenigsten der Bauunternehmer, für den eine solche Hypothek geradezu sinnlos sei, der städtische Schuldner sei selbständig genug, um seine Ersparnisse selbst anzulegen, er bedürfe der Bevormundung der Tilgungshypothek nicht.

Heim erblickt in der Tilgungshypothek allein den Vorteil, daß für eine Entwertung des Grundstücks ein Ausgleich geschaffen und daß die Schwierigkeit der Prolongation beseitigt werde. Beides hält er nicht für durchschlagend. „Solange wir uns einer fortschreitenden Entwicklung erfreuen, werden die Grundwerte in der Regel jedenfalls nicht zurückgehen.“ Merkwürdigerweise führt ihn sein Gedankengang aber schließlich selbst dahin, dem ersten Hypothekengläubiger den Vorwurf zu machen, daß er durch die geforderte Herabsetzung der Hypothek zu dem Notstande der Hypothekenschuldner erheblich beitrage.

„Hätte der Hausbesitzer in den ersten 10 Jahren jährlich ½ pCt. getilgt, so würde er schmerzlos die 10—20 000 M. abgetragen haben, deren Rückzahlung der Hypothekengläubiger nach der ersten Periode oft zu fordern allen Anlaß hat.“ Ja, darin liegt eigentlich eine kräftige Verteidigung der Tilgungshypothek. Die Schwierigkeit der Prolongation auf der Schuldnerseite übergeht Heim, dem es nicht verständlich ist, warum gerade der Eigentümer zum Dank für seine Entschuldungsbestrebungen solle „ruhig schlafen“ können. Er sieht die Nachteile in dieser Hinsicht nur auf der Gläubigerseite, wovon wir später handeln werden. Ja nun um alles in der Welt, wer hat denn geleugnet, daß das Kapital zum Aufbau unserer Städte geradezu notwendig gewesen ist und immer bleiben wird, wer hat denn verlangt, daß der städtische Hausbesitz durch die Tilgungshypothek ganz schuldenfrei werden soll? Meines Wissens kein Mensch. Auch im ländlichen Besitz führt die Tilgung sehr selten zu einer völligen Entschuldung. Und warum bei dem ländlichen Besitz — in seinem großwirtschaftlichen, zum Teil stark industriellen und kaufmännischen Betriebe — der Zustand der Schuldenfreiheit der ursprüngliche und gesunde, beim städtischen Grundbesitz die möglichst hohe Verschuldung aber das natürliche und gesunde ist, das vermag ich nicht einzusehen. Ich finde einen Unterschied zwischen ländlichem und städtischem Besitz gerade in entgegengesetzter Richtung. Der ländliche Besitz wird durch richtig angewendete intensive Bewirtschaftung und Industrialisierung, die nur mit Kapital möglich ist, besser und wertvoller, der städtische nur selten oder in geringem Maße. Natürlich kann auch ein Haus wertvoller werden, wenn ich Läden anlege oder Zentralheizung und Fahrstühle einbaue, aber nicht überall wäre das richtig angewendetes Kapital. Den meisten Häusern Berlins kann ich nicht einen Pfennig besserer Rente herauslocken, wenn ich sie auch noch so schön ausstatte und umbaue. In die Ackerstraße ziehen eben Rentiers und höhere Beamte nun einmal nicht.

Beide Besitzarten — der ländliche wie der städtische — können heute einer Beteiligung des Kapitals nicht mehr entbehren, aber daraus folgt doch nicht, daß diese Beteiligung immer möglichst hoch und unabänderlich sein muß. Im Gegenteil, spare in der Zeit, so hast du in der Not, bürde ab, die Spanne Zeit, die einer Generation zum Schaffen gegeben ist, ist kurz genug. Die Gründe, welche eine Wiederauffüllung des abgetragenen fremden Kapitals erheischen, sind reichlich. Deshalb ist schon eine teilweise Entschuldung eine Notwendigkeit, ein wirtschaftliches Bedürfnis.

Darüber, daß — abgesehen von der schwankenden Bodenrente — mit der Zeit eine Entwertung der städtischen Gebäude eintritt, sind selbst die Gegner der Tilgungshypothek mit den Förderern derselben einig, nur glaubt man vielfach in dem Wachsen des Grundwertes einen Ausgleich zu finden. Indessen haben die letzten 10 Jahre mit dem Märchen gründlich aufgeräumt, daß die Grundrente unermüdlich steigt. Das mag in den Hauptverkehrsstraßen und in zentraler Lage, wo sich das geschäftliche Leben entwickelt, zutreffen, in den bei weitem zahlreicher vorhandenen reinen Wohn- und Seitenstraßen ist meist mit der ersten Vermietung auch der Höhepunkt des Grundwertes erreicht. Deshalb wollen ja gerade Bendixen und Heim die Möglichkeit der Rückforderung von Kapitalteilen dem Gläubiger gesichert wissen. Muß aber der Eigentümer mit einer Kapitalrückzahlung auch nur zum Teil rechnen, nun, so wird er sicher besser tun, diese langsam vor sich gehen zu lassen, als seine geringe Kapitalbeteiligung durch eine plötzlich notwendige Minderung der ersten Hypothek gefährdet zu sehen. Wenn Heim sagt, die Fälle, in denen Mangel an Kapital zur Folge hatte, daß der Schuldner, weil ihm eine abgelaufene normale erststellige Hypothek nicht prolongiert oder von anderer Seite bewilligt wurde, zur Subhastation schreiten mußte, dürften sehr selten sein, so hat er recht. Auch ein Glas Wasser läuft nicht mit dem untersten Tropfen über. Aber die Notwendigkeit der Rückzahlung auch nur eines Teiles wirkt nach hinten so stark belastend, daß der Eigentümer daran zwar nicht gleich, aber oft langsam zugrunde geht, besonders dann, wenn er noch aus anderen Gründen die Pfeiler seiner Eigentumsberechnung wanken sieht. Nein, wie schon oben gesagt, gerade der Schuldner hat das allergrößte Interesse an der Sicherheit der I. Hypothek, und da diese eben nicht anders zu erreichen ist, wie durch die Tilgungshypothek, so müssen die Nachteile dieses Mittels mit in den Kauf genommen werden.

Die Gefahr, den gesamten städtischen Grundbesitz eines Tages schuldenfrei zu sehen, braucht man darum sicher nicht zu fürchten. Die Tilgungsdauer ist 50 bis 60 Jahre, der Wechselfälle sind in dieser Spanne selbst bei dem solidesten Familienbesitz so viele, daß inzwischen eine Neuregelung der Hypothek mit einer Wiederauffüllung der I. Stelle — soweit dies bei einer Sachprüfung zulässig erscheint — sicher stattfinden muß. Aber die Neuordnung erfolgt dann nicht plötzlich, einseitig durch die Fälligkeit der Hypothek bedingt, sondern sachlich nach Maßgabe der eigenen Interessen des Besitzers, der dann eben in dem getilgten Teile seiner Hypothek, wenn überhaupt das Objekt der früheren Bewertung noch standhält, den nötigen Fonds hat, um seine Verhältnisse wirtschaftlich zu regeln. Statt Entschuldung bringt die Tilgungshypothek also Abbürdung der Schuld; das wirtschaftliche Gebäude des Hausbesitzers kann nicht plötzlich einen Stoß bekommen, sondern birgt im Gegenteil die Möglichkeit zeitgemäßer Neubefestigung in sich. Damit soll natürlich nicht gesagt sein, daß die Tilgungshypothek in allen Fällen die einzig richtige Verschuldungsart ist, o nein, auch die kündbare Hypothek hat ihr berechtigtes Anwendungsgebiet. Warum soll sich nicht ein vermögender Mann bei dem Bau des Eigenhauses oder auch nur teilweise ihm selbst dienenden Miethauses, dessen Wertumfang seinen finanziellen Kräften voll entspricht, auch mit einer kündbaren Hypothek begnügen. Er wird nicht falsch disponieren, wenn er sich sagt, der Neubeschaffung dieser Hypothek werde ich in jedem Falle gewachsen sein. Aber bei den gewerbsmäßig erbauten Miet- und Rentenhäusern, bei denen Eigenkapital regelmäßig in auffallend geringem Verhältnisse zum Fremdkapital steht, ist eine solche Erwägung falsch.

Nun wird vom Schuldnerstandpunkt des weiteren darauf hingewiesen, daß der Schuldner besser tut, mit Ersparnissen hinten abzuzahlen, da die letzten Hypotheken in der Regel den höheren Zins erfordern als vorn bei der niedrigst verzinslichen Schuld. Das wäre richtig, wenn die Abzahlung vorn keinen weiteren Vorteil als die Minderung der Schuld hätte. Wenn aber bei der Tilgungshypothek zugleich mit der Tilgung ein so enormer Vorteil wie die Unkündbarkeit eingehandelt wird, da liegt die Sache doch ganz anders. Dr. Bendixen schätzt selbst den Vorteil so hoch, daß er das dem Schuldner diesen Vorteil zubilligende Verhältnis sogar als societas leonina bezeichnet, wobei dem Schuldner die Löwenrolle zufällt.

Ueberdies werden der II. Hypothek durch die Tilgung der I. Hypothek, wie oben ausgeführt, so wesentliche Sicherheiten geboten, daß dadurch das mit ihr verbundene Risiko sinkt, was im Zinsfuße und den Beschaffungskosten unbedingt zum Ausdruck kommen muß.

Gelingt es dann, für die II. Hypothek vielleicht in den Hausbesitzer-Organisationen einen Prüfstein ihrer Sicherheit und einen Markt für sie zu schaffen, so dürfte auch das alte Vertrauen des Privatpublikums in diese Kapitalsanlage zurückkehren, ohne welches die Befriedigung des zweiten Hypothekenkredits selbst bei einem zeitweisen Eintritt kommunaler Hilfe nicht zu denken ist.

Es ist auch nicht richtig, die Bedeutung der Tilgungshypothek nur auf den Besitz zu beschränken, der von Anfang an als langfristig gedacht ist. Denn welcher Hausbesitz ist wohl mit Sicherheit auf kurze Frist beschränkt und kann die Länge der Zeit bei der Berechnung ganz ausschließen? Selbst der Besitz des gewerblichen Bauunternehmers nicht, denn gerade er will und muß verkaufen, sucht also jemand, der sich mit dem Objekt auf längere Zeit verbinden soll, er wird also, je fester gegründet er den Besitz abgeben kann, um so leichter und besser einen ernstlichen Nachfolger finden.

Allerdings wird auch der Grundstückskäufer immer mehr dahin erzogen werden müssen, daß er sich der Tragweite seiner Handlungen bewußt wird und überlegt, welche großen Lasten er bei der Anlage seines kleinen Kapitals übernimmt. Hoffentlich trägt die schwere Zeit, welche der Hausbesitz jetzt durchmacht, dazu bei, dieser Erkenntnis für die Zukunft die nötige Nachwirkung zu sichern. Das ernste Bedenken, daß der kleine Kapitalist bei den meisten Grundstückskäufen über seine Kraft geht, wird nicht durch die wirtschaftliche Erwägung Heims beseitigt, daß nur kleine Rentner die mit dem Besitz eines Hauses verbundenen Unannehmlichkeiten in den Kauf zu nehmen pflegen und Kapitalisten mit mehreren 100 000 Mark Vermögen für dieses Geschäft nicht zu gewinnen sind. Einmal bestreite ich den Satz in dieser Allgemeinheit, denn auch größere Kapitalisten werden sich dem Miet- und Rentenhause wieder zuwenden, sobald dasselbe eine sichere und einträgliche Kapitalanlage darbietet, und vor einer anderen sollte man den kleinen Kapitalisten erst recht bewahren. Anderseits wird gerade für den letzteren der Erwerb eines Hauses eher empfehlenswert, je weniger Gefahr mit dem Besitz verbunden ist. Deshalb muß, gerade im Widerspruch zu Bendixen, das Schwanken des Zinsfußes als wichtigstes Argument gegen die kündbare Hypothek und damit für die Tilgungshypothek berücksichtigt werden und deshalb warf ich eingangs die Frage auf, ob sich der Grundbesitzer bisher ausreichend klar darüber geworden ist, in welchem Umfange er selbst bisher die Schuld an den Verhältnissen des städtischen Grundkredites trägt.

Halte ich also alle Gründe, welche die Gegner der Tilgungshypothek für ihre Ansicht geltend machen, für nicht durchschlagend, so bleibt doch eine Schattenseite übrig, die in voller Klarheit bisher von keiner Seite gewürdigt worden ist. Der Schuldner muß, das liegt im Aufbau des Tilgungsplans, fortdauernd die Zinsen und die Tilgungsbeträge der vollen ursprünglichen Hypothek zahlen, soll die Tilgung in planmäßiger Weise fortschreiten. Darin liegt unverkennbar eine Härte, die sich besonders bei dem Verkauf des Objekts zeigt, die aber auch bei langem Eigenbesitze den Genuß des Eigentums zu beeinträchtigen geeignet ist. Sind von 100 000 M. 10 000 M. getilgt, so wird beim Verkauf dem Käufer zugemutet, diese 10 000 M., will sie der Verkäufer nicht verlieren, doppelt zu verzinsen, dem Hypothekengläubiger im Rahmen des Tilgungsplans und dem Verkäufer als Restkaufgeld oder sich selbst als Anzahlung. Gelingt es nicht, mit dem Hypothekengläubiger ein abweichendes Abkommen zu treffen, das nur in der Aufstellung eines neuen Tilgungsplans bestehen kann, so mag bei fortschreitender Tilgung die **Verkäuflichkeit** des **Hauses** leiden. Die preußischen Landschaften haben wohl allgemein Vorsorge dahin getroffen, daß der Eigentümer, sobald die Tilgung ein gewisses Maß erreicht hat, Löschung dieses Teils und dann auch Herabsetzung der Jahreszahlung herbeiführen kann. Auch das Brandenburgische Pfandbrief-Institut hat diesen Weg beschritten. Es sagt darüber im § 16:

1. Nach der vollständigen Tilgung des Darlehns erhält der Schuldner, soweit nicht § 15 Abs. 3 entgegensteht, löschungsfähige Quittung. Bei Teilzahlungen von 10 v. H. der Gesamtschuld — und im Falle der Veräußerung schon bei 5 v. H. — kann der Schuldner löschungsfähige Quittung über den getilgten Teil der Schuld unter Vorbehalt des Vorrechts für den Rest des Pfandbriefdarlehns fordern.
2. Im Falle der Kündigung des Pfandbriefdarlehns seitens des Vorstandes hat der Schuldner $1/4$ v. H. des Betrages als Austrittsgeld zu zahlen.
3. Auf Grund der Quittung ist der Eigentümer befugt, die getilgte Schuldsumme löschen zu lassen oder über das derselben zustehende Pfandrecht zu verfügen.
4. Auch kann an Stelle der löschungsfähigen Quittungen in Höhe des quittierten Betrages dem Eigentümer ein neues Pfandbriefdarlehn gegeben werden, soweit dasselbe innerhalb der aufs neue festzustellenden Beleihungsgrenze des Grundstücks stehen würde.
5. Uebrigens muß das Darlehn, soweit über dasselbe nicht löschungsfähige Quittungen erteilt sind, auch weiterhin ohne Rücksicht auf die abgestoßenen Beträge verzinst werden.

Natürlich kann in solchen Fällen in Höhe dieses Betrages vom Schuldner ein neues Pfandbriefdarlehn aufgenommen werden, wenn und soweit die Sicherheit des Objekts dies gestattet.

Die Statuten und Bestimmungen der Hypothekenbanken enthalten eine ähnliche Bestimmung nicht; derselbe Erfolg kann also nur bei gutem Willen der Bank erreicht werden, an dem es bei richtiger Würdigung ihrer wirtschaftlichen Aufgaben bei keiner Bank fehlen dürfte, wie ja die tatsächliche Anwendung der Tilgungshypothek auch auf städtischem Gebiete beweist. Man wird aber als wünschenswert zugeben müssen, daß der Schuldner auf den guten Willen des Gläubigers nicht angewiesen sein darf, soweit es sich um ein wirtschaftliches Erfordernis handelt. Daß ähnliche Bestimmungen bei Hypothekenbanken fehlen, hat seinen Grund in der von ihnen meist übernommenen festen Tilgung der eigenen Pfandbriefe. Während die Landschaften und ähnliche Institute ihre Pfandbriefe nur nach Maßgabe der eingehenden Tilgungsbeiträge der Hypotheken auslosen und zurückzahlen, haben sich die Hypothekenbanken meist — früher sogar allgemein — verpflichtet, ihre Pfandbriefe mit einem bestimmten Prozentsatz und den ersparten Zinsen zu tilgen. Sie sind an den Tilgungsplan gebunden und müssen mithin grundsätzlich auch die Hypothekenschuldner dementsprechend zur Tilgung anhalten, können also eine Abänderung nur gestatten, wenn ihnen selbst daraus ein Schaden nicht erwächst. Indessen nichts ist unabänderlich, und wenn es der Verbreitung der Tilgungshypothek nützlich ist, wird sich auch für die Hypothekenbanken der Weg finden, auf dem sie dem Bedürfnisse, unter gewissen Voraussetzungen eine teilweise Löschung ihrer Hypothek unter Herabsetzung der Jahreszahlung zu bewilligen, nachkommen können, ähnlich wie es das Brandenburgische Pfandbriefinstitut im § 16 seiner Statuten vorgesehen hat. Geschieht dies etwa in der Weise, daß, sobald 10 pCt. des ursprünglichen Kapitals getilgt sind, dem Schuldner das Recht auf Löschung des getilgten Kapitals und Minderung seiner Jahresleistungen eingeräumt wird, so wird der Tilgungshypothek in ganz erheblicher Weise der Weg gebahnt. Allerdings könnte eine solche Erleichterung nur für diejenigen Hypotheken Anwendung finden, welche neuen, diesem Verhältnis Rechnung tragenden Pfandbriefen als Unterlage dienen und bei denen im Pfandobjekt eine genügende Sicherheit für die verminderte Tilgung vorhanden ist.

Vom Gläubigerstandpunkt wird der Tilgungshypothek entgegengehalten,

> daß sie eine mindestens alle 10 Jahre nötige Nachprüfung der Pfandsicherheit unmöglich mache, daß sie nur die Schuldnerseite unbegründet bevorzuge, indem sie ihr, nicht aber dem Gläubiger, das Kündigungsrecht einräume.

Der erste Einwand hat den Schein der Berechtigung an sich, aber wirklich nur den Schein. Bei der kündbaren Hypothek kann der Gläubiger nach 10 Jahren eine abermalige Prüfung des Objekts vornehmen, und wenn dieses dann nicht standhält, die Hypothek ganz oder teilweise kündigen. Das kann er bei der Tilgungshypothek allerdings nicht. Aber zuerst sei die Frage gestattet, liegt gerade die 10 jährige Periode in der Natur des Geschäftes, in der Natur des städtischen Objektes? Warum soll bei einem Stadtgrundstück, ist es überhaupt einer so plötzlichen Verschlechterung ausgesetzt, der Gläubiger das erst in 10 Jahren feststellen dürfen? Die Frist ist durch die Geschäftsgewohnheit willkürlich gewählt, um beiden Teilen Ruhe zu gönnen, dem Schuldner wie dem Gläubiger, sie ist aber nicht durch die Natur des Pfandobjekts bedingt. Gewiß, ein Haus kann entwertet werden. Dem trägt ja aber gerade die Tilgungshypothek Rechnung. Und da bekanntlich bei einer Hypothek, tritt eine Gefährdung ein, immer nur die letzten Tausende, nicht aber gleich die ganze Hypothek gefährdet sind, so ist in der Tilgung ein guter Puffer geschaffen, um den Gläubiger vor Schaden zu bewahren. Bei sofortigem Beginn der Tilgung und $\frac{1}{2}$ pCt. Abtrag sind nach 10 Jahren schon 6 pCt. getilgt. Das ist schließlich ganz wertvoll. Ist aber der Schuldner so schlecht und das Objekt so minderwertig geworden, daß es nicht einmal mehr die volle Jahreszahlung — Zins und Tilgung — aufbringen kann, nun, so wird auch alles Kündigen und Rückfordern des Ganzen oder eines Teiles nichts nutzen. Der Wert der Tilgung wird hier von den Gegnern dieser Verschuldungsart arg verkannt, das mögen sie denen glauben, die auf diesem Gebiet eine reichliche Erfahrung haben. Und sind die Werte gar allgemein sinkend, so wird eine Kündigung erst recht nicht zum Ziele führen, wohingegen die fortschreitende Tilgung mit jeder Zahlung den Stand des Gläubigers verbessert. Mehr kann schließlich der Gläubiger nicht verlangen, als daß er richtig Zins und Abtrag erhält und somit immer mehr gesichert wird. Was nutzt heute — in Zeiten des Krieges — das Recht der Kündigung, wenn man es rechtlich oder tatsächlich nicht durchführen kann? Jetzt gerade zeigt sich der Nutzen der Tilgungshypothek, denn die Jahreszahlung, die einmal in den Etat des Hauses eingestellt ist, fließt weiter wie der nackte Zins und entlastet Gläubiger und Schuldner zu gleicher Zeit. Ueberdies kann ja der Gläubiger bei außergewöhnlicher Verschlechterung des Objekts nach §§ 1133/34 BGB. teilweise Rückzahlung auch bei der Tilgungshypothek fordern. Daß die Verluste an Tilgungshypotheken größer seien, als an kündbaren, kann nicht behauptet werden, das Gegenteil wird zutreffend sein. Die Lage des Gläubigers ist doch bei allen landschaftlichen Darlehnen die gleiche, und die bereits jetzt bestehenden Tilgungshypotheken auf städtischem

Besitz — die nach den Jahresberichten der diese Form der Beleihung pflegenden Hypothekenbanken und der öffentlichen Institute etwa 3 Milliarden Mark betragen — beweisen, daß auch der städtische Besitz diese Belastungsform ohne Gefahr für den Gläubiger verträgt. Man kann doch nicht annehmen, daß die städtischen Hypotheken mit beiderseitigem Kündigungsrecht weniger gut sind und in der Allgemeinheit einer kräftigeren Herabsetzung bedürfen, als es durch die gleichmäßige Tilgung geschehen würde.

So bleibt also noch der zweite Einwand übrig, den Bendixen auf die Formel der societas leonina gebracht hat. Auch dieser ist nicht haltbar.

Um dies darzutun, muß ich etwas weiter ausholen. Den von Friedrich dem Großen eingeführten landschaftlichen Pfandbriefanstalten war weder die Tilgung der Hypothek noch die Unkündbarkeit der Pfandbriefe von seiten des Inhabers eigen. Die Landschaften sollten dem Eigentümer Pfandbriefe auf sein Gut geben und diese dem Inhaber jederzeit wieder abnehmen, um sie anderswo bei einem neuen Gläubiger unterzubringen. Eine Tilgung der Schuld dachte man sich nicht anders, als daß der Eigentümer selbst die Pfandbriefe aufrufen und zurücknehmen sollte, sobald seine Mittel ihm dies gestatteten. Friedrich der Große gab erst bei dem Kur- und Neumärkischen Kreditinstitut 1776 selbst die Anregung zu einer Schuldentilgung mittels Amortisation, indem er an die Deputierten der märkischen Stände die Worte richtete:

> „Will ich auch noch das gerne tun, Ihnen ein Kapital von 3 bis 400 000 Thalern anzuschaffen zu 4 pCt., auch wohl noch darunter, wovon Sie durch das ersparte Prozent einen fond d'amortissement machen können." [5])

[5]) von Brünneck, Die Pfandbriefsysteme der Preußischen Landschaften, Seite 129.

Also nicht eine besondere Leistung der Schuldner, sondern der Mehrzins dieses Fonds sollte zu einer die Landschaft in ihrer Gesamtheit entlastenden Schuldentilgung führen. Erst als in den Jahren 1835 bis 1839 die landschaftlichen Pfandbriefe von 4 auf 3½ pCt. konvertiert wurden, begann die Schuldentilgung in den Organismus der Landschaft Eingang zu finden. Die Zinsherabsetzung sollte sich nicht auf den Hypothekenschuldner erstrecken, dieser sollte weiter 4 pCt. zahlen und das durch die Herabsetzung ersparte ½ pCt. sollte als Beitrag zur Tilgung verwendet werden.

Mit dieser Maßregel konnte nun aber eine ungleich wichtigere verbunden werden, nämlich die Aufhebung des Kündigungsrechts auf seiten des Pfandbriefinhabers. Zinsen und kleine Abschlagszahlungen konnte der Landwirt sicher immer aufbringen, aber nicht das ganze Kapital, wenn es der Pfandbriefinhaber kündigte und die landschaftliche Kasse keinen Ersatzmann beschaffen, der Gläubiger also auf das Gut selbst den Rückgriff nehmen konnte. Deshalb hob man das Kündigungsrecht der Pfandbriefinhaber auf. Man konnte das nach den bis dahin gemachten Erfahrungen mit Ruhe tun, weil sich in friedlichen Zeiten an den Börsen immer ausreichend Käufer für diejenigen Pfandbriefe fanden, welche der Inhaber in bares Geld umzusetzen wünschte. In kriegerischen Zeiten aber hatte man, um die Grundbesitzer vor dem Ruin zu bewahren, das Kündigungsrecht schon im allgemeinen Staatsinteresse einschränken müssen. Von dieser Entwicklung haben die Hypothekenbanken den für den Inhaber unkündbaren Pfandbrief übernommen. Während noch vor dem Hypothekenbankgesetz auch von seiten des Gläubigers kündbare Pfandbriefe ausgegeben werden konnten, hat dies § 8 des Gesetzes ausdrücklich untersagt. Es liegt das in der Natur der den Hypothekenbanken zugewiesenen Geschäfte, denn sie können nicht gleichzeitig das ihnen durch die Pfandbriefe zugeflossene Sparkapital in Hypotheken anlegen und anderseits zur jederzeitigen Rückzahlung bereithalten. Damit ist aber auch ihnen die Richtung vorgeschrieben. Sie können sich nicht auf der einen Seite des Privilegs erfreuen, gegen sie selbst unkündbare Inhaberpapiere auszugeben, wenn sie sich nicht auf der andern Seite der volkswirtschaftlichen Notwendigkeit, dem Grundbesitz unkündbaren Kredit zu gewähren, widmen wollen. Also nicht um die Begründung einer societas leonina, sondern um die Erfüllung einer den Grundkreditanstalten vorgezeichneten volkswirtschaftlichen Aufgabe, ja ihrer eigentlichen Zweckbestimmung, handelt es sich.

Der Standpunkt, welchen Bendixen, Heim und der Hypothekenfachmann des Berliner Tageblattes einnehmen, leugnet schlankweg diese Aufgabe der Hypothekenbanken. Der ihrige wäre richtig, wenn die Hypothekenbanken selbst Kapitalisten wären und eigene Kapitalien anlegten. Das ist zwar formell richtig — aber auch nur formell — materiell sind sie nur Geldvermittler. Sie führen das Kapital vom Sparer zum Hypothekenschuldner und damit entfällt durchaus der von allen drei Gegnern betonte Standpunkt des kaufmännischen Rechnens, wie ihn der Eigenkapitalist für sich geltend machen darf. Dabei soll nicht gesagt sein, daß im Rahmen dieser Betätigung nicht auch der kaufmännische Standpunkt gewahrt werden kann. Wird er denn nicht gewahrt, wenn wir die wirtschaftlichen Erfolge der Hypothekenbanken sehen, die der Tilgungshypothek zu ihrem Recht verhelfen? Und mögen selbst Aktionäre den kaufmännischen Geist in den Leitungen dieser Institute vermissen, so steht doch der Erfolg, auf den die Aktionäre berechtigten Anspruch haben, nicht zurück hinter dem jener Institute, welche ohne Pflege der Tilgungshypothek kaufmännisch dem freien Spiel der Kräfte mehr Rechnung tragen zu sollen glauben. Wenn überhaupt, so beweisen hier die Zahlen. Das Pfandbriefsystem selbst zwingt nun und nimmer zur kündbaren Hypothek. Nicht einmal der von dem Fachmann ins Feld geführte Rückfluß der Pfandbriefe kann davon überzeugen, daß die kündbare Hypothek nötig sei. Der Rückfluß der Pfandbriefe kann, wenn und soweit ihm überhaupt seitens der Hypothekenbanken Rechnung getragen werden muß, anders bewältigt werden. Ja, ich glaube sogar, er kann durch Kündigung von Hypotheken, wird es einmal ernst, sicher nicht gehemmt oder beseitigt werden.

Ich komme also zu dem Schluß:

> Die Tilgungshypothek ist die gesündere, wenn auch nicht einzige Form der Grundstücksbelastung,
>
> sie trägt den Interessen des Schuldners wie denjenigen des Gläubigers in ausreichendem Maße Rechnung,
>
> es muß dem Schuldner die Möglichkeit gegeben werden, bei Verkauf oder Anwachsen der Tilgung sein Tilgungsguthaben zu realisieren.

Mit der Tilgung selbst hat die Frage nichts zu tun, ob dem Schuldner bei Aufnahme des Darlehns Bargeld oder Pfandbriefe gegeben werden sollen. Bekanntlich können die Hypothekenbanken beides geben (§ 14 des Hyp.B.G., sie tun es zum Teil auch, so namentlich die bayerischen Hypothekenbanken. Selbstverständlich hat deshalb auch die Frage, ob Rückzahlung in Pfandbriefen oder in bar zu erfolgen hat, mit der Tilgungshypothek an sich nichts zu tun. Wie die meisten Hypothekenbanken die Kapitalien bar zahlen, müssen sie auch bare Rückzahlung verlangen, wenn die Schuld außerhalb der Tilgung abgelöst werden soll. Deshalb ist es unzutreffend, wenn Herr Dr.

Baumert[6]) diese Frage mit der Tilgungshypothek verbindet. Das Für und das Wider beider Auszahlungsmöglichkeiten gehört nicht in diese Erörterung.

Ebensowenig soll hier erörtert werden, welche Institute außer den Hypothekenbanken die Tilgungshypothek noch pflegen können oder sollten. Von ihnen wird man vielleicht die Sparkassen zum Teil ausschließen können, da sie für ihre Anlagen mit Rücksicht auf die Kündbarkeit der Einlagen auf das Recht der Rückforderung nicht allgemein verzichten können. Ob und in welchem Maße Versicherungs-Gesellschaften sich dieser Form der Verschuldung widmen können, mag diesen zu entscheiden überlassen bleiben; daß sie wenigstens zum Teil auch diese Form des Grundkredits pflegen könnten, glaube ich annehmen zu dürfen.

Jedenfalls wird bei den so wichtigen Fragen des Grundkredits, wie sie besonders in diesen schweren Zeiten immer dringender geworden sind, an der Tilgungshypothek nicht vorübergegangen werden können. Der gesamte Grundbesitz schuldet dem Preußischen Landwirtschaftsminister Dank dafür, daß er in seinen neuesten, die Richtlinien seiner Aufsichtsführung enthaltenden Erlasse mit kräftigen Worten auf diese Form der Verschuldung erneut hingewiesen hat. Der Zusammenarbeit aller Beteiligten wird die Lösung dieser Frage nicht entbehren können.

---

[6]) Deutsche Hausbesitzer-Zeitung vom 30. Mai 1915, Nr. 19 des 22. Jahrgangs, Seite 145.

Druck von A W. Hayn's Erben, Berlin SW, Zimmerstr. 29.

Zu Seite 45.

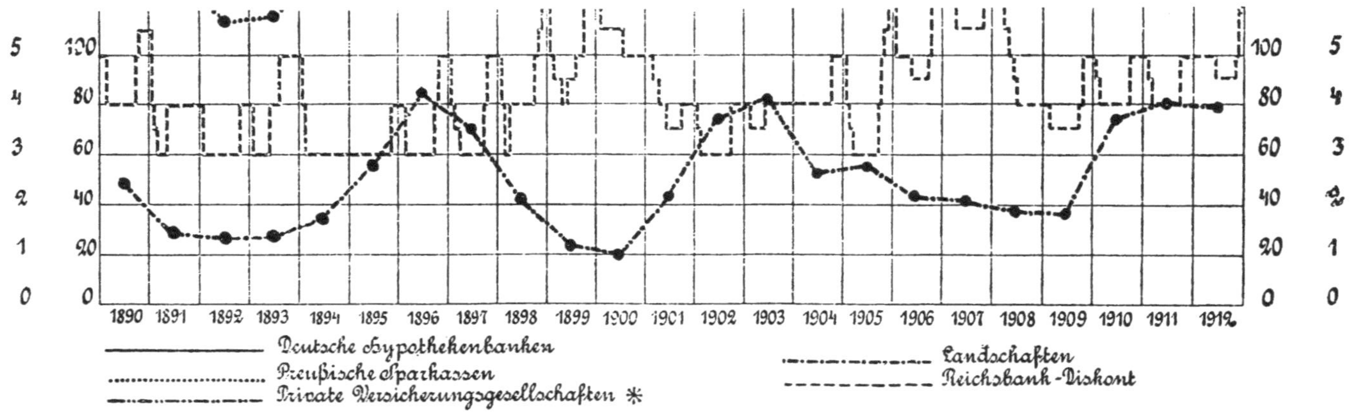

Skala 1: Reichsbank-Diskont in %.
" 2: Zunahme der Pfandbriefe bezw. Hypotheken-Darlehne in Millionen Mark.
* Für die Versicherungs-Gesellschaften waren die statistischen Unterlagen nur für die Zeit von 1903 bis einschl. 1911 vorhanden.

Zu Seite 45.

Anlage 2 zu B 2

Vergleichende Darstellung der Zunahmebewegung der Pfandbriefe bezw. Hypotheken-Darlehen der deutschen Hypothekenbanken, preußischen Sparkassen, deutschen privaten Versicherungsunternehmungen und preußischen Landschaften sowie des Reichsbank-Diskonts in den Jahren 1890 bis 1912.

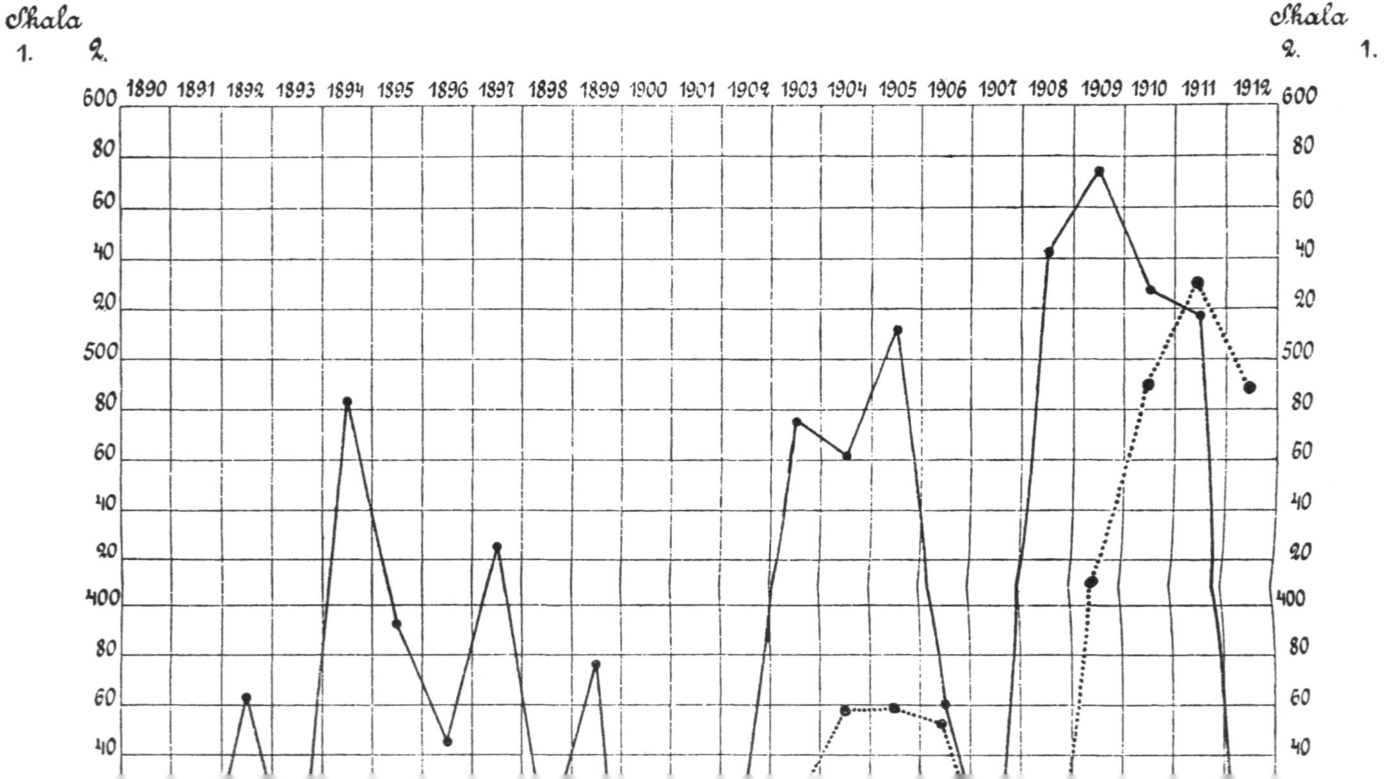

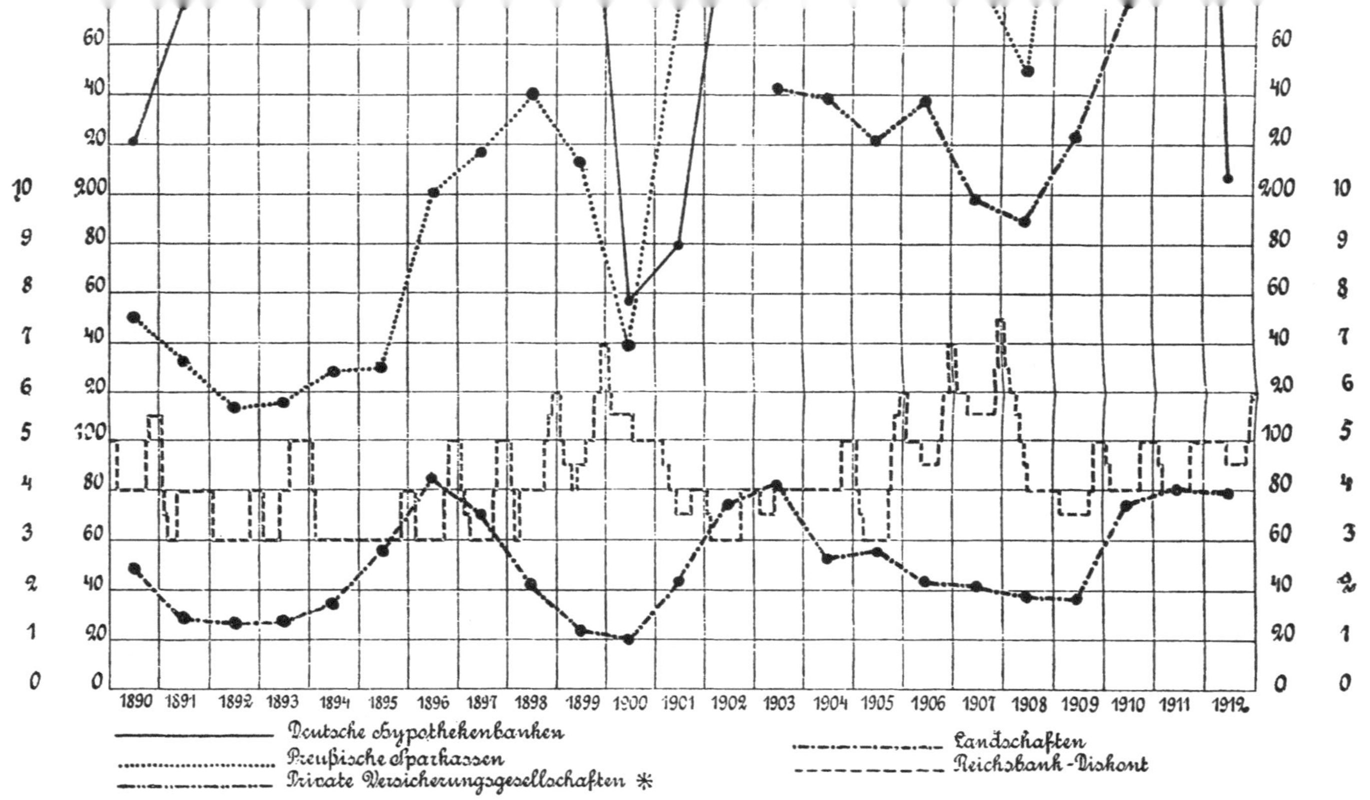

Skala 1: Reichsbank-Diskont in %.
" 2: Zunahme der Pfandbriefe bezw. Hypotheken-Darlehne in Millionen Mark.

* Für die Versicherungs-Gesellschaften waren die statistischen Unterlagen nur für die Zeit von 1903 bis einschl. 1911 vorhanden.

Druck von A. W. Hayn's Erben, Berlin SW 68, Zimmerstr. 29.

Kolibri 360 GmbH
Ferdinand-Jühlke-Straße 7
99095 Erfurt, Deutschland
produktsicherheit@kolibri360.de